Mehr Lebensfreude durch

Positive Psychologie

Glück im Alltag entdecken
Optimismus als Grundhaltung erlernen
Charakterstärken erkennen und gezielt trainieren

Felix Hahnemann

Inhaltsverzeichnis

1. Einleitung: Das Nikki-Prinzip 1
2. Was eigentlich ist Positive Psychologie? 5
   - 2.1 Betonung der Starken 7
   - 2.2 Entwicklung der Positiven Psychologie 15
   - 2.3 Ziele der Positiven Psychologie 18
   - 2.4 Missverstandnisse 20
   - 2.5 Anwendungen 22
3. Weshalb ein Leben auf der Sonnenseite mehr bringt und wie Du es schaffst, dorthin zu kommen 23
   - 3.1 Positive Emotionen 24
   - 3.2 Positive Einstellung 35
   - 3.3 Positive Kommunikation 44
   - 3.4 Lebensqualität und Sinn 54
   - 3.5 Widerstandskraft 68
   - 3.6 Personliche Starken 78
   - 3.7 Flow 94
   - 3.8 Achtsamkeit 99
   - 3.9 Wohlbefinden und Gluck 109
   - 3.10 Welche Ziele im Leben wichtig sind 120
4. Anwendungsgebiete 129
   - 4.1 Kinder und Familie 129

- 4.2 Senioren und positives Altern ... 142
- 4.3 Job und Arbeit ... 152
- 4.4 Umgang mit Konflikten ... 162

5. Charakterstärken gezielt trainieren - Übungen ... 173
- 5.1 Arbeitshaltung und Durchhaltevermögen ... 174
- 5.2 Bescheidenheit und Mäßigung ... 176
- 5.3 Dankbarkeit ... 177
- 5.4 Ehrlichkeit ... 178
- 5.5 Enthusiasmus ... 179
- 5.6 Freundlichkeit ... 180
- 5.7 Führung ... 181
- 5.8 Gemeinschaftsgefühl und Teamarbeit ... 182
- 5.9 Gerechtigkeit und Fairness ... 183
- 5.10 Hoffnung ... 184
- 5.11 Humor ... 186
- 5.12 Kreativität und Originalität ... 187
- 5.13 Liebe zum Lernen ... 189
- 5.14 Lieben und Geliebt werden ... 190
- 5.15 Mut ... 192
- 5.16 Neugier und Interesse an der Welt ... 194
- 5.17 Selbstregulation ... 196
- 5.18 Soziale Intelligenz ... 197
- 5.19 Spiritualität und Glaube ... 198
- 5.20 Urteilsvermögen und kritisches Denken ... 200
- 5.21 Vergebung ... 201
- 5.22 Weisheit ... 203

6. Fazit ... 205

1. Einleitung:
Das Nikki-Prinzip

Wie ein glückliches und langes Leben gelingen kann, darüber haben sich bereits die Menschen vor vielen tausend Jahren Gedanken gemacht. Der römische Philosoph Seneca schrieb vor rund 2000 Jahren in seinem Werk "De Vita Beata" (deutsch: "Vom glückseligen Leben", in der Übersetzung von Otto Apelt, 1923) diese weisen Worte: *"Wer [...] wünschte sich nicht ein glückliches Leben? Aber um zu erkennen, was uns zum Lebensglück verhelfen kann, dazu fehlt uns der richtige Blick."*

Recht hatte er, und auch heute noch treffen seine Worte ins Schwarze. Auf der Suche nach dem Glück gehen viele Menschen falsche Wege und jagen Äußerlichkeiten nach, dem großen Haus, dem neuen Auto und anderen Konsumgütern. Dabei machen uns Menschen ganz andere Dinge zufrieden und glücklich, sodass sich von einem "**gelungenen Leben**" sprechen lässt. Die Positive Psychologie, eine noch recht junge Forschungsrichtung der psychologischen Wissenschaft, geht dieser Frage intensiv nach und hat bereits einige wegweisende Antworten gefunden.

In diesem Buch geht es um ebendiese Antworten. Hier erfährst Du, was Du für ein glückliches Leben tatsächlich brauchst - und wie Du es erreichst. Ein kleiner Tipp: Materielle Güter sind es nicht, stattdessen kommen die wichtigsten Motivatoren ganz aus dir selbst. Viele Übungen aus der psychologischen Praxis, wie sie auch von Therapeuten angewendet werden, helfen Dir dabei, Dein ganz persönliches Rezept für ein positives Leben zu finden.

Der Begründer der Positiven Psychologie, der amerikanische Psychologieprofessor Martin Seligman, nannte sein "Erweckungserlebnis" nach seiner kleinen Tochter das "**Nikki-Prinzip**". Hierin beschreibt er, wie er einmal seine Fünfjährige ausschimpfte und diese sich anschließend darüber beschwerte. Und zwar mit Worten, die es in sich hatten:

> "Papa, vielleicht hast du es nicht gemerkt, aber seitdem ich drei war, habe ich wegen allem und jedem geweint und gejammert. Als ich fünf wurde, habe ich beschlossen, damit aufzuhören. Das war das schwerste, was ich je gemacht habe, und es ist mir auch gelungen! Und wenn ich mit dem Weinen und Jammern aufhören kann, dann kannst du auch mit dem Meckern aufhören."[1]

Diese Beschwerde öffnete dem renommierten Forscher die Augen: Anstatt immer nur die negativen Aspekte einer Person zu thematisieren, sollte man lieber die positiven betonen. Denn das sind die Dinge, die einen Menschen zufrieden und glücklich werden lassen.

---

[1] Bannink, Fredrike P. (2012): Praxis der Positiven Psychologie, S. 11

2. Was eigentlich ist Positive Psychologie?

Das in der Einleitung beschriebene Nikki-Prinzip erwies sich nicht nur als Erweckungserlebnis für Seligman selbst, sondern auch als richtungsweisend für die gesamte psychologische Wissenschaft. Diese sollte nun nicht mehr allein auf die Beschwerden und Krankheiten der Menschen schauen, sondern vielmehr ihre **Stärken betonen**. Das, was man für gemeinhin mit "Glück" und "Lebensfreude" bezeichnet, hat seine Ursache in Dir selbst. Du selbst hast es in der Hand, wie glücklich und zufrieden Du durch Dein Leben gehst - äußere Faktoren wie etwa die Gene oder der Zufall sind hingegen nachrangig.

Das Wichtigste aus diesem Kapitel in Kürze:

- Du hast **Dein Glück** selbst in der Hand.
- Finde heraus, welches **Deine Stärken** sind.
- **Setze sie** häufig und auf verschiedene Weisen **ein**.
- Es gibt 24 **verschiedene Stärken**, die maßgeblich für ein glückliches Leben sind.
- **Jeder Mensch** besitzt diese Stärken, sie sind jedoch individuell unterschiedlich ausgeprägt.
- Gesundheit bedeutet nicht nur die Abwesenheit von Krankheit, sondern schließt **seelisches Wohlbefinden** mit ein.
- Positive Psychologie betrifft **alle Menschen**.
- Ihre Forschung soll verstehen helfen, was das Leben **lebenswert** macht und wie es gelingen kann.

2.1 Betonung der Stärken

Allerdings fällt niemandem das Glück einfach so in den Schoß, es will erarbeitet werden. Werde also Deiner ganz persönlichen Stärken bewusst und nutze sie! Nur wenn Du ein Leben gemäß Deiner Vorstellungen und Anlagen führst, im Einklang mit Dir selbst und Deiner Umgebung, dann wirst Du zufrieden und glücklich sein können.
Doch wie kannst Du Dir Deiner Stärken bewusst werden? Darauf gab Martin Seligman in seinem 2002 erschienenem Buch "Authentic Happiness" (deutsch: "Der Glücksfaktor: Warum Optimisten länger leben") eine Antwort: Er stellte eine Liste von 24 persönlichen Stärken zusammen (die er selbst als "character strenghts" beschrieb), die sich mit Hilfe eines Selbsttests messen lassen.

Diese Stärken fasste Seligman in **sechs Kategorien** zusammen:

a) Weisheit und Wissen
In dieser Kategorie befinden sich diejenigen kognitiven Fähigkeiten, die mit dem Erwerb und dem Gebrauch von Wissen zusammenhängen. Dazu gehören:

- Kreativität

- Neugier
- Wissbegier
- **Offenheit** und die Fähigkeit, Dinge von verschiedenen Seiten zu betrachten
- **Empathie**, d. h. die Fähigkeit, sich in die Perspektive eines anderen Menschen hineinzuversetzen

b) Mut

Mut ist eine wichtige emotionale Stärke und trägt dazu bei, ein gestecktes Ziel trotz aller Widerstände zu erreichen. Wichtig sind dabei diese Fähigkeiten:

- **mutig sein**
- **Beharrlichkeit**
- die Fähigkeit, **Verantwortung** für sich selbst, seine eigenen Gefühle und das persönliche Verhalten zu übernehmen
- **Tatkraft**, **Vitalität** und **Lebhaftigkeit**

c) Menschlichkeit
Diese Fähigkeiten haben vor allem mit Humanität und Liebe zu tun. In diesem Bereich umfasst dies folgende Stärken:

- die Fähigkeit, anderen gegenüber **wertschätzend** aufzutreten
- **Freundlichkeit**
- **Soziale Intelligenz** und **Empathie**

d) Gerechtigkeit
Nur wer fair und ehrlich anderen gegenüber auftritt, erlebt ein gesundes Sozialleben. Daher sind Stärken wie diese sehr wichtig:

- **Rechtschaffenheit** und **Loyalität**
- **Ehrlichkeit** und **Fairness**
- **Führungsqualitäten** und die Fähigkeit, andere zu ermutigen

e) Mäßigkeit

Schon im alten Griechenland riefen die Stoiker - eine philosophische Denkschule der Antike - zur Mäßigung auf. Hierbei versprachen schon Platon und Aristoteles Glück und Zufriedenheit für den, der sich zu beherrschen vermag und Besonnenheit in allen Dingen des Lebens an den Tag lege. Seligman interpretiert diesen Begriff ganz in der griechischen Schule als "Eigenschaften, die gegen Exzesse vorbeugen". Hierbei sind diese Stärken relevant:

- **Bescheidenheit**
- **Selbstkontrolle**
- **Vorsicht** und **Vermeidung unnötiger Risiken**
- die Fähigkeit, **Verzeihen** zu können sowie die Einsicht, dass andere Menschen Schwächen haben und diese auch haben dürfen

f) Transzendenz

In der Philosophie verweist dieser Begriff auf Dinge außerhalb jeder möglichen Erfahrung, wie sie etwa über die Sinneswahrnehmung erfolgt. Gemäß Seligman verleihen diese Stärken dem eigenen Leben Sinn und sorgen für die Zufriedenheit, die jemand, der ständig auf der Suche nach dem "Sinn des Lebens" ist, so nicht verspürt. Die in dieser Kategorie wichtigen Werte sind diese:

- **Genussfähigkeit**: sich an den schönen Dingen des Lebens erfreuen können

- **Dankbarkeit** sowie die Fähigkeit, diese ausdrücken zu können
- **Hoffnung** sowie eine **positive Zukunftserwartung** (Optimismus)

- **Humor**, denn mit diesem lassen sich auch schwere Zeiten leichter durchstehen

- **Spiritualität** und der Glaube an ein höheres Ziel

Auf Seligmans Webseite[2] kannst Du selbst einen Selbsttest durchführen und so Deine persönlichen Stärken messen. Der Test trägt zu einer besseren Selbsterkenntnis bei. Du findest den Test unter dem Reiter "Questionaires" und dann "Brief Strenghs Test". Er kann nach einer Registrierung durchgeführt werden, jedoch sind gute Englischkenntnisse vonnöten.

Stattdessen kannst Du aber auch einfach diese **Übung** absolvieren:

Sei Dir bewusst, dass jeder Mensch seine ganz individuellen Stärken besitzt - auch Du! Überlege daher, welche Stärken aus der oben vorgestellten Liste auf Dich zutreffen. Was sind die Eigenschaften, die Deine Persönlichkeit ganz besonders prägen? Schreibe fünf dieser Stärken auf und überlege, wie Du diese am besten im Beruf sowie im Privatleben einbringen kannst. Notiere diese Einsatzmög-

---

[2] Webseite von Martin Seligman, Begründer der Positiven Psychologie (englisch): https://www.authentichappiness.sas.upenn.edu/

lichkeiten ganz konkret und setze sie bei der nächsten Gelegenheit in die Realität um. Sei Dir sicher, dass Dein Wohlbefinden und Deine Lebenszufriedenheit zunehmen, wenn Du Deine individuellen Stärken verstärkt einsetzt.

Was ist eigentlich "Gesundheit"?

Im allgemeinen Sprachgebrauch versteht man unter "Gesundheit" für gewöhnlich die "Abwesenheit von Krankheit", das heißt, jemand ist dann gesund, wenn er nicht krank ist. Allerdings ist diese Definition etwas zu kurz gegriffen, denn Gesundheit - auch und vor allem die seelische - ist viel mehr: Gemäß der Verfassung der Weltgesundheitsorganisation wird der Begriff als "[...] *ein Zustand des vollständigen körperlichen, geistigen und sozialen Wohlergehens und nicht nur [als] das Fehlen von Krankheit oder Gebrechen*" definiert.[3]

Demzufolge bedeutet Gesundheit nicht nur die Abwesenheit von Krankheit, sondern zugleich auch die Anwesenheit von Wohlbefinden: Nur wer sich gut fühlt, ist gesund. Dieser Umstand war bereits dem griechischen Philoso-

---

[3] vgl. Verfassung der Weltgesundheitsorganisation in deutscher Übersetzung

phen Epikur und seiner bis ins zweite nachchristliche Jahrhundert sehr einflussreichen Denkschule bekannt, denn gemäß dessen Lehre konnte Glück nur durch positive Gefühle erreicht werden.

Übung für mehr Optimismus

Was bedeutet das nun für Dich? Ganz im Sinne der Positiven Psychologie solltest Du Dich nicht auf die Beschwernisse des Lebens konzentrieren, sondern stattdessen auf die Dinge, die eben dieses lebenswert machen. Optimismus ist auch die Fähigkeit, in allem das Gute zu sehen - und zudem erlernbar, selbst für einen eingefleischten Pessimisten. Fange damit an, dass Du Dich jeden Morgen vor den Spiegel stellst und mindestens fünf Mal hintereinander etwas Nettes zu Dir selbst sagst. Diese Übung ist umso wichtiger, je unglücklicher oder trauriger Du selbst bist und kann Dir helfen, etwas Licht in den dunklen Tunnel zu lassen.

2.2 Entwicklung der Positiven Psychologie

Die Wissenschaft der Psychologie – also die *Wissenschaft von den bewussten und unbewussten psychischen Vorgängen, vom Erleben und Verhalten des Menschen* – konzentrierte sich lange Zeit vor allem auf das Erkennen und Behandeln von seelischen Störungen. Martin Seligman beschreibt dies als *victimology* ("Opfer-Wissenschaft"), welche die Reparatur des beschädigten Patienten in den Mittelpunkt zu stellen bestrebt ist. Natürlich hat dieser auf psychische Krankheiten und Störungen fokussierter Ansatz seine Berechtigung, schließlich führte er (und führt immer noch) zu nachweislich wirksamen Behandlungsmethoden.

Neue Forschungsrichtung

Doch angesichts seiner Forschungsergebnisse betreffend den Hintergründen und Ursachen von Depressionen - einer heute in Ländern mit mittleren bis hohen Einkommen geradezu grassierenden Volkskrankheit - erkannte Martin Seligman, dass sich die Psychologie nicht nur auf die Linderung negativer Symptome beschränken darf. Zentrales Ziel einer jeden Psychotherapie muss nicht nur die bloße

Abwesenheit depressiver Gemütszustände sein - denn, wie Du bereits erfahren hast, bedeutet die Abwesenheit von Krankheit nicht gleich Gesundheit - sondern vor allem positiv besetzte Empfindungen wie Lebenszufriedenheit, Wohlbefinden und psychische Leistungsfähigkeit.

Startschuss für die Positive Psychologie

Als "Startschuss" der Positiven Psychologie gilt Seligmans Rede, die er 1998 anlässlich seines Amtsantritts zum Präsidenten der Amerikanischen Psychologenvereinigung (APA) hielt. Hierin beschrieb er eine Psychologie, die sich nicht mehr hauptsächlich auf Krankheiten und Defizite konzentrieren solle, sondern lieber auf die Dinge, die das Leben lebenswert machen - sowie darauf, wie die Voraussetzungen dafür geschaffen werden können.

Positive Psychologie vs. Negative Psychologie?

Nun wird der noch recht neuen Forschungsrichtung der Positiven Psychologie häufig vorgeworfen, andere Zweige als "negativ" abzuwerten. Doch die Aufstellung "positiv" ausgerichteter Schwerpunkte innerhalb einer wissenschaftlichen Strömung bedeuten im Umkehrschluss nicht gleich das Vorhandensein von "negativen" - ganz im Gegenteil. Seligman selbst sowie weitere namhafte Forscher wie etwa Christopher Peterson verstehen die Positive Psychologie als sinnvolle und notwendige Ergänzung ihrer Wissenschaft, in der sowohl die auf Krankheiten bezogene Schwerpunkte als auch die Suche nach dem guten Leben ihre Berechtigung haben.

2.3 Ziele der Positiven Psychologie

Das oberste Ziel der Positiven Psychologie lässt sich ganz einfach beschreiben: Mit ihrer Hilfe wollen Forscher herausfinden, was genau das Leben lebenswert macht. Somit unterstützen sie durch ihre Forschungsergebnisse die Menschen dabei, einen Sinn sowie Erfüllung im Leben zu finden. Dieses Ziel wird erreicht, wenn die Menschen

- ihre **Stärken** erkennen und nutzen
- **positive Gefühle** erleben
- **kreativ** und **innovativ** sein dürfen
- ihre **individuellen Ressourcen** erweitern

und dabei **neue Entwicklungs-** und **Handlungsmöglichkeiten** entdecken.

Somit trägt die Positive Psychologie nicht nur dazu bei, dass Menschen sich wohl fühlen und glücklich sind, sondern durch die Besinnung auf die eigenen Stärken privat wie beruflich gleichermaßen Erfolg haben.
Natürlich betreffen diese Ziele nicht nur Menschen mit psychischen Problemen oder Störungen, sondern alle. Aus diesem Grund ist Prävention ein wichtiger Bestandteil der Positiven Psychologie: Nur wer ein Leben nach seinen Vorstellungen und Möglichkeiten und in einer gesunden Umgebung führt, kann erfolgreich und zufrieden sein - und somit seelischen Leiden wie etwa Depressionen und Burnout vorbeugen.

2.4 Missverständnisse

Die Positive Psychologie hat nicht nur Befürworter, sondern auch einige Kritiker. Einer der am häufigsten vorgebrachten Vorwürfen ist der, dass diese Forschungsrichtung sämtliche negativen Erscheinungen der menschlichen Seele einfach ausblende und sich auf die positiven beschränke. Dabei handelt es sich allerdings um ein Missverständnis, denn das Negative darf auf keinen Fall ausgeblendet werden - niemand ist ein Leben lang nur glücklich, ohne dass je ein Schicksalsschlag oder einfach anstrengende Phasen ihn träfen. Stattdessen geht es in der Positiven Psychologie darum, mit den negativen Anteilen zu leben und diese überwinden zu lernen - und gleichzeitig das Gute und Bereichernde zu betrachten und zu fördern.

Dabei ist Positive Psychologie keineswegs mit dem häufig in der trivialen Ratgeberliteratur anzutreffenden Begriff des "Positiven Denkens" gleichzusetzen. Im Gegensatz zu diesem handelt es sich um eine empirische Forschungsrichtung, deren Theorien und Modelle mit wissenschaftlichen Methoden untersucht werden.

Wissenschaftliche Definition

Die renommierte Wissenschaftlerin Daniela Blickhan verfasste in ihrem Buch *Positive Psychologie. Ein Handbuch für die Praxis* eine treffende Definition für die Forschungsrichtung der Positiven Psychologie:

"*Positive Psychologie ist wissenschaftliche Forschung zu optimaler menschlicher Leistungsfähigkeit. Positive Psychologie hat das Ziel, Faktoren zu entdecken und zu unterstützen, die Einzelnen und Gemeinschaften dabei helfen aufzublühen ('to thrive'). Die Positive Psychologie beinhaltet eine Verpflichtung für wissenschaftlich arbeitende Psychologen, ihre Aufmerksamkeit auf die Quellen psychischer Gesundheit zu richten und damit über die bisherige Betonung von Krankheit und Störung hinauszugehen.*"[4]

---

[4] vgl. Blickhan, Daniela (2015): Positive Psychologie - ein Handbuch für die Praxis, S. 23

2.5 Anwendungen

Gemäß ihrer Grundsätze und Ziele ergeben sich für das menschliche Leben immens wichtige Anwendungsfelder für die Positive Psychologie:

Familie

Wer versteht, welche Dynamiken hinter Begriffen wie "Familie", "Beziehung", "Liebe" etc. stecken, der kann ein glücklicheres Familienleben führen.

Erziehung

Kinder lernen am besten, wenn sie sich wohl fühlen und von sich aus Neues erfahren wollen - intrinsische Motivation und Kreativität sind daher wichtige Eckpfeiler bei einer "positiv" ausgerichteten Erziehung in Familien und Schulen.

Arbeit

Wer in seinem Job seine Stärken nutzen und echte Teilhabe erfahren kann - etwa, indem man angehört und die eigenen Ideen wertgeschätzt werden - hat die Chance, einen Flow zu erleben. All diese Dinge erhöhen die Arbeitszufriedenheit signifikant und verbessern somit sowohl das persönliche Wohlbefinden als auch die Leistungsfähigkeit.

Gesellschaft und Organisationen

Wer sich wohlfühlt, ist eher bereit, auch anderen Menschen gegenüber Vertrauen zu fassen und ihnen Hilfsbereitschaft angedeihen zu lassen. Dies wiederum führt zu einem verbesserten moralischen Charakter der menschlichen Gesellschaft.

Des Weiteren findet die Positive Psychologie ein sinnvolles Betätigungsfeld in der Psychotherapie, Hier sollen nicht nur mehr die traumatische Kindheit oder das beschädigte Gehirn behandelt werden, sondern auch Selbstheilung durch Hoffnung und Sinnfindung erarbeitet.

3. Weshalb ein *Leben auf der Sonnenseite* mehr bringt und wie Du es schaffst, dorthin zu kommen

Die Positive Psychologie will das Wissen über menschliche Krankheiten und Leid nicht ersetzen. Stattdessen besteht die Intention dieser Strömung innerhalb der wissenschaftlichen Psychologie darin, dieses Wissen zu ergänzen und Wege zu einem besseren und glücklicheren Leben für alle Menschen zu finden. Deshalb beschäftigt sich die Positive Psychologie vor allem mit den positiven Gefühlen sowie den Stärken, die jeder Mensch besitzt. Wer seine Stärken kennt, diese einzusetzen versteht und zudem weiß, wie sich positive Gefühle erzielen lassen, hat es auf die Sonnenseite des Lebens geschafft. Dieses Kapitel zeigt Dir Wege auf, wie auch Du dorthin gelangst.

3.1 Positive Emotionen

> "Glücklich allein ist die Seele, die liebt."

Johann Wolfgang von Goethe

Emotionen - oder, einfacher: Gefühle - treiben unser Handeln an. Wir tun Dinge oder unterlassen sie, weil wir uns gut fühlen oder schlecht. Dabei verspüren wir über den Tag verteilt zumeist häufiger positive - also angenehme - Gefühle als unangenehme, nehmen dies aber nicht wahr. Stattdessen bleiben die negativen Emotionen in unserem Gedächtnis hängen und bestimmen, wie wir uns selbst und unsere Umwelt wahrnehmen.

Dieses Phänomen ist in der psychologischen Wissenschaft bereits eine Binsenweisheit und aus evolutionärer Sicht schnell erklärt: Früher, als die Überlebensbedingungen hart waren und Menschen ständig auf der Hut sein mussten - schließlich wusste niemand, wann der nächste Säbelzahntiger um die Ecke bog - halfen negative Empfindungen dabei, aufmerksam zu bleiben und Probleme anzupacken. Wer Hunger hat und sich deshalb schlecht fühlt, will diesen Zustand schnellstmöglich beenden - und schon werden Tiere gezähmt, das Feld bestellt und im Wald Früchte gesammelt.

Kein Wunder also, dass es in den meisten Sprachen dieser Welt mehr Wörter für unangenehme als für angenehme Gefühle gibt. Das glaubst Du nicht? Probiere es aus und schreibe auf einem Blatt Papier jeweils so viele Begriffe für positive und negative Emotionen auf, wie Dir spontan einfallen.

Beispiele gefällig? Bitte sehr:

Positive Emotionen	Negative Emotionen
Freude	Angst
Glück	Trauer
Zufriedenheit	Wut
Stolz	Ärger
Erleichterung	Furcht
Vergnügen	Abscheu
Spaß	Ekel
Liebe	Verachtung
Vertrauen	Hass
Gelassenheit	Abneigung
Optimismus	Verlegenheit
?	Schuld
?	Scham
?	Verdruss
?	Kummer
?	Verstörtheit
?	Missfallen
?	Reue
?	Langeweile
?	Schwermut
?	Traurigkeit
?	Schrecken
?	Besorgnis

Hinzu kommen zahlreiche Begriffe, die sowohl negativ als auch positiv besetzt sein können, "Überraschung" oder "Erstaunen" sind hierfür sehr gute Beispiele. Die Frage ist: Was macht diese Allgegenwart negativer Emotionen mit uns und unserer Sicht auf die Welt? Und was können wir dagegen tun? Dieser Frage gehen wir in diesem Kapitel nach.

Das Wichtigste aus diesem Kapitel in Kürze:

- Wir **nehmen negative Gefühle stärker** und nachhaltiger **wahr** als positive.

- Wir **empfinden** am Tag jedoch **häufiger positive** als negative Gefühle.

- **Positive Empfindungen** machen uns **offener** und **kreativer**.

- **Negative Gefühle engen** unsere Sichtweise **ein**, lassen uns "betriebsblind" werden.

- **Glückliche Menschen** sind auch körperlich **gesünder** und **leben länger**.

- **Positive Gefühle** lassen sich **trainieren**.

Gefühle bestimmen unser Verhalten und Erleben

Nun unterscheiden Psychologen zwischen kurzlebigen Gefühlen wie "Ärger", "Wut" oder auch "Freude" - schließlich kann niemand 24 Stunden täglich nur wütend oder froh sein - und einer längerfristigen Grundstimmung. Diese Differenzierung ist wichtig, denn unsere Grundstimmung hängt ganz wesentlich davon ab, ob wir negative oder positive Emotionen stärker wahrnehmen.

Barbara Fredrickson, ihres Zeichens Professorin für Psychologie an der amerikanischen University of North Carolina und renommierte Forscherin auf dem Gebiet der Positiven Psychologie, beschreibt dieses Phänomen als "Broaden- and-Build-Theorie": Wir empfinden ein Gefühl, weil wir auf diese Weise auf eine ganz bestimmte Situation reagieren. Diese Emotion wiederum verursacht eine Erwartungshaltung in Bezug darauf, wie sich diese Situation weiterentwickelt. Wer sich darüber ärgert, dass der Toaster schon wieder den Toast verbrannt hat, rechnet nicht mit der künftigen einwandfreien Funktionsfähigkeit des Geräts. Weiterer Ärger ist also vorprogrammiert, sofern nicht ein neuer gekauft wird.

Gefühle verstärken einander und erzeugen so eine dauerhafte Grundstimmung, das "Gemüt" wie man es ganz altmodisch auch ausdrücken könnte. Leider empfinden wir negative wie positive Emotionen nicht gleichermaßen, denn:

Negative Gefühle

werden intensiver und klarer erlebt, schneller wahrgenommen und wirken stärker und damit länger nach.

Positive Gefühle

werden nicht so klar abgegrenzt voneinander erlebt, sind diffuser und bleiben nicht so lange im Gedächtnis haften. Klingt ziemlich fies, nicht wahr? Tatsächlich aber nehmen wir negative Emotionen stärker wahr, weil diese - evolutionär gesehen - unser Überleben sichern. Wer sich ärgert, der konzentriert sich verstärkt auf eine Lösung des verursachenden Problems - welches bei unseren Vorfahren in der Regel aus Kampf oder Flucht bestand. Wer sich hingegen über etwas freut, der ist offener für seine Umgebung und seine Mitmenschen und zudem kreativer bezüglich seiner Problemlösungsfähigkeit.

Plakativ ausgedrückt: Wer negativ gestimmt ist, reagiert ziemlich eindimensional, bei einer positiven Einstellung hingegen fallen uns viele weitere Lösungsmöglichkeiten ein. Außerdem, und auch dies zeigte die Forschung von Barbara Fredrickson, machen uns positive Gefühle schlauer. Wer häufig und regelmäßig freudig gestimmt ist, dessen Gehirn bildet immer wieder neue neuronale Netzwerke aus und bleibt so lange aktiv. Dies wiederum trägt nicht nur zu geistigen, sondern auch zur körperlichen Gesundheit ganz massiv bei. Oder auch: Wer zufrieden und glücklich ist, lebt länger und gesünder.

> **Tipp:**
>
> Das heißt jetzt nicht, dass Du negative Gefühle völlig ausblenden und nur noch glücklich sein sollst. Das funktioniert auf Dauer ebenfalls nicht, denn das Leben hält neben schönen auch eine Menge unangenehmer Erlebnisse für uns bereit. Mit diesen können und müssen wir umgehen lernen, wobei uns die Erkenntnisse der Positiven Psychologie unterstützen. Wer Hoffnung schöpft, findet leichter einen Weg aus den schwierigeren Fahrwassern des Lebens.

Was positive Gefühle bewirken

Positive Gefühle verändern also unsere Art und Weise zu denken. Auch unser Blick auf die Welt wird ein anderer, er wird weiter und offener. Dabei handelt es sich keinesfalls um blumiges Geschwafel, sondern lässt sich in psychologischen Experimenten sehr gut nachweisen: Wer freudig gestimmt ist, der nimmt mehr Einzelheiten seiner Umwelt wahr und reagiert schneller auf viele Situationen. Zudem ist derjenige, der häufiger eine positive Stimmung erlebt, grundsätzlich widerstandsfähiger gegen die Widrigkeiten des Lebens. Psychologen nennen dies auch "Resilienz". Dabei ist es völlig egal, wie intensiv Du Empfindungen wie Freude, Zufriedenheit, Vertrauen etc. fühlst, denn für die positive Wirkung ist allein ihre Häufigkeit relevant. Zudem haben positive Emotionen weitreichende Auswirkungen auf Körper und Geist:

- Glückliche Menschen werden **seltener krank**, weil ihr Immunsystem stärker ist.
- Wenn sie doch mal krank sind, **gesunden** sie schneller.
- Wer zufrieden ist, wirkt **anziehend auf andere** und hat einen größeren Freundeskreis.
- Auch das hat einen großen Einfluss auf das **persönliche Glück**.
- Des Weiteren mildern positive Gefühle stressige Situationen ab und sorgen so dafür, dass wir uns in schwierigen Lagen **schneller erholen** und eher einen Ausweg auch aus scheinbar verfahrenen Umständen finden.

Übungen

Wusstest Du, dass sich positive Gefühle ganz gezielt hervorrufen lassen? Wie das geht, zeigt die folgende **erste Übung**:

Stelle Dir eine besonders schöne Situation / ein angenehmes Erlebnis vor, an die / das Du dich gern zurückerinnerst. Schließe die Augen und stelle Dir diese Situation ganz genau vor, ganz so, als würdest Du sie gerade in diesem Moment noch einmal erleben. Versetze Dich in dieses Bild hinein wie in einen besonders intensiven Tagtraum und genieße das Gefühl, das Du dabei empfindest. Lasse Dich hineinfallen, sodass Du Dich absolut wohl und behaglich fühlst dabei. Ruhe ist natürlich wichtig, damit Dich niemand stört und aus dieser Meditation herausreißt. Finde nun einen "Anker", den Du mit diesem Gefühl verbindest. Das kann beispielsweise eine ganz bestimmte Körperhaltung sein oder ein Schlüsselwort. In Zukunft kannst Du dieses Gefühl immer wieder abrufen, indem Du diese Haltung einnimmst oder das Schlüsselwort denkst. Auf diese Weise versetzt Du Dich selbst in eine angenehme Grundstimmung, wann immer Du sie gerade brauchst.

Auch die **zweite Übung** hilft Dir dabei, häufiger positive Gefühle zu erzeugen:

Suche Dir jemanden, den Du sehr gerne hast, dem Du vertraust und den Du täglich siehst bzw. mit dem Du täglich telefonierst. Vereinbare mit dieser Person, dass ihr euch eine bestimmte Zeitlang (das kann eine Woche sein oder auch länger) gegenseitig jeden Tag mindestens ein schönes Erlebnis oder Ereignis erzählt - ganz gleich, wie winzig oder unbedeutend dieser Moment auch gewesen sein mag. Mit der Zeit wirst Du merken, wie Du ganz selbstverständlich auch die sonst eher unbewussten glücklichen Gegebenheiten wahrnimmst und genießt.

3.2 Positive Einstellung

Es klingt wie eine Binsenweisheit, doch unterschätze die gravierende Wirkung nicht: Wer ein glückliches und in vielerlei Hinsichten erfolgreiches Leben führen will, braucht sich selbst gegenüber eine positive Einstellung. Was genau versteckt sich jedoch hinter diesem Begriff?

Wenn wir etwas tun oder uns etwas passiert, suchen wir stets nach **kausalen Ursachen**. So haben wir beispielsweise den neuen Job nicht bekommen, weil wir uns nicht gut genug präsentiert haben. Oder wir haben die Prüfung nicht bestanden, weil wir nicht genug gelernt haben. Die Liste der Beispiele ließe sich unendlich fortsetzen. Dabei ist es vollkommen irrelevant, ob die von uns zugeschriebenen Gründe tatsächlich und objektiv gesehen zutreffen (schließlich kann man den Job auch einfach deshalb nicht bekommen haben, weil der Personalverantwortliche von vornherein einen anderen Bewerber wollte und das Gespräch nur pro forma stattfand), denn das Erklärungsmuster ist rein subjektiv und von unserer eigenen Einstellung uns selbst gegenüber abhängig.
Je nachdem, ob ich mir die Ursachen für mein Scheitern selbst zuschreibe ("*Ich habe den Job nicht bekommen,*

weil ich sowieso nicht dafür geeignet bin") oder aber äußere Gründe finde ("*Das Profil hat einfach nicht gepasst, aber das nächste Vorstellungsgespräch läuft besser*"), hat das starke Auswirkungen auf mein Selbstwertgefühl sowie auf meine Motivation bezüglich späterer Ereignisse. Schiebe ich das misslungene Vorstellungsgespräch mir selbst in die Schuhe, so erwarte ich ähnliche Erlebnisse auch in der Zukunft - jedes Vorstellungsgespräch wird in meiner Imagination scheitern, da "*ich es ja sowieso nicht kann*". Das solche Prophezeiungen Dich nicht unbedingt selbstbewusster machen und mit hoher Wahrscheinlichkeit auch selbsterfüllend sind, leuchtet sicherlich ein.

Das wiederum bedeutet: Wenn Du im Leben erfolgreich sein möchtest - in welchem Bereich auch immer - dann solltest Du daran glauben, dies aus eigenem Antrieb zu schaffen. Mache nicht den Fehler und schreibe Deine Erfolge äußeren Faktoren wie Glück oder Zufall zu, denn auch dies ist Deinem **Selbstwertgefühl** nicht förderlich und lässt dich im Inneren doch noch den künftigen Misserfolg erwarten.

Selbstwirksamkeit und **Selbstverantwortung** sind in der Positiven Psychologie deshalb wichtige Schlüsselbegriffe.

Sie sind nicht nur wichtig für Deine ganz persönliche Erwartung der Zukunft, sondern auch für Deine **Motivation**. Grundsätzlich unterscheiden Psychologen (und auch Pädagogen) intrinsische und extrinsische Motivation, wobei die intrinsische von beiden die mit Abstand wichtigere ist. Sie kommt aus Dir selbst heraus und bewirkt, dass

- Deine **Motivation**, etwas zu leisten, **höher** ist
- Du **länger am Ball** bleibst, auch wenn es mal schwierig wird
- Du Dich bei der **Erledigung Deiner Aufgaben** besser fühlst
- vielleicht sogar einen "Flow" erlebst
- Du **gesünder** und **fitter** bist

Die extrinsische Motivation scheitert hingegen nicht selten, weil sie nicht aus Dir selbst kommt. Stattdessen machst Du etwas, weil es Dir von außen aufgedrückt wurde. Ein typisches Beispiel hierfür sind Kinder, die auf Druck ihrer Eltern ein bestimmtes Studium aufnehmen, obwohl sie selbst eigentlich viel lieber etwas anderes machen würden. Hier ist die Wahrscheinlichkeit groß, dass Zufriedenheit, Glück und auch Erfolg ausbleiben.

Tipp:

Das bedeutet nun nicht, dass Du jeglichen Bezug zur Realität verlierst und Dich selbst permanent überschätzt. Das nämlich kann den gegenteiligen Effekt hervorrufen. Sei realistisch und versuche, Deine Chancen und Möglichkeiten entsprechend einzuschätzen. Wichtig ist jedoch, wie Du Dir ein Scheitern oder einen Erfolg erklärst. Ein Misserfolg kann auch auf andere Ursachen als Dich selbst zurückzuführen sein, ebenso wie Du erfolgreich bist, weil Du hart dafür gearbeitet hast.

Das Wichtigste aus diesem Kapitel in Kürze:

- **Positive Einstellung** ist grundlegend für **glückliches Leben**.

- Entscheidend für eine **positive Einstellung** sind unsere subjektiven Erklärungsmuster bezüglich **Erfolgen** und **Misserfolgen**.

- **Selbstwirksamkeit** und **Selbstverantwortung** sind grundlegende Pfeiler eines gelingenden Lebens.

- **Intrinsische Motivation** ist besser als extrinsische.

Erlernte Hilflosigkeit

Bekannt wurde der Psychologe Martin Seligman zunächst durch sein Konzept der "Erlernten Hilflosigkeit", welches heute vielfach Anwendung in der Verhaltenstherapie von Menschen mit depressiven Erkrankungen findet. Hilflos fühlt man sich, wenn man einem Ereignis oder einer Situation gegenübersteht, ohne irgendeinen Einfluss darauf nehmen zu können. Machen wir öfter die Erfahrung, dass unsere Handlungen keinen Unterschied bewirken und wir so negativen Auswirkungen schutzlos ausgeliefert sind, so entwickeln wir eine generelle Hilflosigkeit. Diese zeigt sich in Äußerungen wie "Ich kann ja sowieso nichts tun", "Das ist ohnehin alles egal" etc. Ich bleibe also auch in späteren Situationen hilflos, was wiederum meinen Selbstwert mindert und so einen Teufelskreis in Gang setzt, der nicht selten in einer Depression mündet.

Achte also darauf, Aussagen und Denkweisen zu vermeiden, die in folgendes Schema passen:

- **Probleme** und Ursachen stets **in sich selbst** suchen
- **Probleme** und Ursachen als **unveränderlich** anzusehen
- **Probleme** und Ursachen sind **allgegenwärtig** und passen in alle Bereiche des Lebens

Viel gesünder ist es hingegen:

- **Probleme** und Ursachen in **äußeren Umständen** zu suchen

- diese als **vorübergehend** anzusehen

- sowie auf **bestimmte, eingegrenzte Situationen** beschränkt

Solltest Du also - um einmal beim Beispiel zu bleiben - einen Job nach einem Bewerbungsgespräch nicht erhalten haben, so vermeide Gedankengänge wie *"Ich kann das sowieso nicht"*, *"Ich werde das niemals können"* und *"Ich scheitere sowieso immer"*. Versuche stattdessen zu differenzieren und die Gründe für Dein Scheitern anders zu formulieren: *"Ich habe den Job nicht bekommen, weil das Profil nicht gepasst hat"*, *"Ich will unbedingt in diesen Bereich und werde jetzt erst einmal eine Weiterbildung machen"* und *"Jetzt weiß ich, worauf ich achten muss. Beim nächsten Vorstellungsgespräch läuft es besser"*. Merkst Du, wo der Unterschied zwischen diesen Äußerungen liegt?

Während die ersten Aussagen Dir jede Motivation nehmen, Dein Ziel - diesen Job - doch noch zu erreichen, helfen Dir die zweiten dabei. Du bleibst optimistisch, was für Dein weiteres Leben grundlegend ist. **Optimismus** ist dabei keine rein angeborene Charaktereigenschaft, sondern kann tatsächlich erlernt werden.

Übung

Deinen Optimismus kannst Du mit folgender Übung trainieren, die Du über einen Zeitraum von mehreren Wochen hinweg jeden Abend durchführst. Der Unterschied zu einer pessimistischen Sichtweise sowie die Auswirkungen auf Dein Selbstwertgefühl werden alsbald offenkundig werden.

- Nimm Dir jeden Abend vor dem Schlafengehen ein Blatt Papier und einen Stift.
- Schreibe ein positives Erlebnis auf (Beispiel: "Ich bin von meinem Chef gelobt worden")
- Schreibe nun für Dich positive Gründe dafür auf.
- Diese sollten durch Dich selbst verursacht sein, zudem allgemein und dauerhaft gültig.

- Beispiele: "Ich wurde gelobt, weil ich ein guter Mitarbeiter bin", "Ich bin zuverlässig und erledige meine Aufgaben gut, deshalb bekam ich das Lob".

  o Nun schreibe das unangenehmste Erlebnis des Tages auf. (Beispiel: "Ich kam zu spät zu meinem Arzttermin")

  o Suche spezifische und vorübergehende Gründe dafür, die unabhängig von Dir sind.

  o Beispiele: "Ich bin meistens pünktlich bei Terminen, dies war eine Ausnahme", "Ich war zu spät, weil ich wegen eines Unfalles im Stau stand" etc.

3.3 Positive Kommunikation

"Jeden Tag eine gute Tat vollbringen" lautet eine alte Pfadfinderregel. Tatsächlich steckt in diesem Anspruch sehr viel Weisheit: Wenn wir nämlich alten Damen über die Straße helfen, anderen die Türen aufhalten oder jemandem an der Kasse mit Kleingeld aushelfen, tun wir auch uns selbst etwas Gutes. Wer freundlich zu anderen ist, ist zugleich freundlich zu sich selbst. Freundlichkeit hebt die Stimmung, verbessert das Selbstbild und hilft bei einer positiven Kommunikation, wobei "positiv" in diesem Zusammenhang "gelingend" meint.

Sei nett zu Deinen Mitmenschen, dann sind diese auch nett zu Dir und Du bekommst aufgrund dieses Feedbacks ebenfalls bessere Laune. Die amerikanische Psychologin Barbara Fredrickson bezeichnete dies in ihrem 2013 auf Deutsch erschienenem Buch "Die Macht der Liebe" als "positive Resonanz", die die "Grundlage der menschlichen Beziehungsfähigkeit" sei. Der Begriff "Liebe" meint in diesem Zusammenhang übrigens nicht die sexuelle Liebe, sondern die tiefe, durch gegenseitiges Interesse, Fürsorge und Vertrauen geprägte, zwischenmenschliche Erfahrung.

Wer liebt, empfindet mehr positive als negative Gefühle, was sich in der Kommunikation untereinander zeigt. Dabei teilen wir uns nicht nur in Worten mit, denn Gesten, Mimik und Bewegungen sind im zwischenmenschlichen Miteinander mindestens ebenso wichtig. Menschen, die einander sehr verbunden fühlen, gleichen sich in ihrer Sprache wie auch Körpersprache einander an, agieren zugewandt und aufmerksam.

Das Wichtigste aus diesem Kapitel in Kürze:

- **Tiefe, vertrauensvolle Beziehungen** sind eine der Grundlagen für ein glückliches Leben.

- **Beziehungen verbesserst** Du durch eine **positive Kommunikation**.

- Diese erreichst Du durch **Freundlichkeit, Mitgefühl, Hilfsbereitschaft**, die Bereitschaft zum **aktiven Zuhören**, die Vermeidung negativer Äußerungen, die **Fokussierung** auf das Positive und **konstruktive Kritik**.

- **Vermeide** persönlich **herabsetzende** und negative Äußerungen.

- Wende die **5:1-Regel** an: Auf jede negative Äußerung müssen fünf positive folgen.

Kommunikationsregeln

Diese Grundregeln der positiven Kommunikation lassen sich auch sehr gut auf andere Bereiche des menschlichen Miteinanders übertragen. Freundlichkeit ist dabei nur ein Teilaspekt. Damit die Verständigung gelingt, sind **drei weitere Faktoren** wichtig:

- **aktives Zuhören**
- **konstruktive Antworten**
- **geeignetes / passendes Feedback**

Mit Hilfe dieser Faktoren lassen sich einfache **Kommunikationsregeln** formulieren, die sowohl die Gespräche an sich als auch die Beziehung der Gesprächspartner miteinander verbessern.

1. Aktives Zuhören

Der wahrscheinlich wichtigste Schlüssel zu positiver Kommunikation ist das aktive Zuhören, das Interesse und Verständnis signalisiert und keinesfalls mit dem bloßen Wiederholen von Aussagen verwechselt werden darf. Die deutsche Psychologin Daniela Blickhan beschreibt sechs verschiedene Stufen des aktiven Zuhörens.[5]

Stufe 1	Dem Gegenüber zuhören, ihn aussprechen lassen, Pausen im Gespräch zulassen, Blickkontakt halten
Stufe 2	Resonanz des Gesagten durch Quittieren (Äußerungen wie "aha", "so", "hm" etc. zeigen dem Gegenüber, dass Du ihm zuhörst) und Bestätigen (signalisiert inhaltliche Zustimmung). Letzteres erfolgt natürlich nur dann, wenn Du derselben Meinung bist und dies ausdrücken möchtest.
Stufe 3	Inhaltliches Nachfragen, um das Gehörte besser verstehen und einordnen zu können, jedoch noch keine weiterführenden Inhalte (beispielsweise: "Wie genau meinst Du diese Aussage?")

---

[5] vgl. Blickhan, Daniela (2015): Positive Psychologie - ein Handbuch für die Praxis, S. 25 ff.

Stufe 4	Spiegeln des Gehörten in Form von sinngemäßem Wiederholen und Zusammenfassen (z. B. "Du findest also, dass ...")
Stufe 5	Ausdrücken von Gefühlen (etwa: "Und deshalb bist Du nun bedrückt / froh / etc.")
Stufe 6	Verbalisierung von Zielen und Bedürfnissen (beispielsweise "Aus diesem Grund möchtest Du nun ...")

Beim aktiven Zuhören ist die Körpersprache immens wichtig. Signalisiere Deine Zugewandtheit, indem Du Dich

- Deinem Gesprächspartner **körperlich zuwendest**
- ihm oder ihr **offen ins Gesicht schaust**
- **Blickkontakt** hältst
- freundlich **lächelst**

Von Vorteil sind zudem sogenannte "offene Fragen", die eine ausführlichere Antwort verlangen als ein bloßes "Ja" oder "Nein".

2. Konstruktive Antworten

Nun gilt es natürlich nicht nur, die Aussagen des Gesprächspartners zu verstehen und zu spiegeln, sondern konstruktiv mit ihnen umzugehen. Dazu gehört eine angemessene Reaktion auf das Gesagte, die dem Grundtenor angepasst ist. Das bedeutet, dass Du auf eine Erzählung mit einem belastenden Inhalt ganz anders reagierst als auf einen freudigen.

3. Feedback

Ganz zum Schluss geht es darum, auf das Gesagte zu reagieren und eigenes Feedback abzugeben. Dabei kannst Du Dich grundsätzlich positiv als auch negativ äußern, indem Du dem Gesagten zustimmst oder eben nicht. Achte dabei darauf, nicht die Person selbst zu kritisieren, sondern lediglich ihre Äußerungen oder ihr Verhalten. Kritik ist dann erfolgreich, wenn Du diese Regeln beherzigst:

- Sende **mehr positive** als negative **Botschaften**.
- Drücke Deine **Wertschätzung** aus.
- Gebe Deinem Gegenüber die **Möglichkeit**, sich zu **erklären**.

- **Kritisiere konstruktiv**, also auf sachlicher und nicht auf persönlicher Ebene.

Dabei besteht häufig das Problem, dass **Kritik** allzu oft ausgesprochen, im Gegenzug aber nur wenig gelobt wird. Die Meinung, dass "keine Kritik ein ausreichendes Lob" sei, ist leider immer noch weit verbreitet und einer gelingenden Kommunikation nicht besonders zuträglich. Dabei stärkt **Lob** und Anerkennung eine Beziehung - gleich welcher Art - während ständige Kritik sie unterminiert.

Das bedeutet jetzt natürlich nicht, dass Du nur noch loben und Dich mit Deiner Meinung hinter dem Berg halten sollst. Stattdessen gibt es einfache Möglichkeiten, sich auszudrücken ohne dabei den anderen abzuwerten oder zu verletzen: Sende "**Ich-Botschaften**" und versuche, **sachlich** zu bleiben. Ein Beispiel: Du unterhältst Dich mit einem Kollegen, dem Du ein unschönes Gespräch mit dem gemeinsamen Chef berichtest. Dieser Kollege unterbricht Dich dauernd und will ebenfalls seine Erlebnisse mit dem Vorgesetzten loswerden. Anstatt nun genervt mit den Augen zu rollen und das Gespräch schlecht gelaunt zu beenden, könntest Du nun sagen: "Warte, ich bin noch nicht fertig mit Erzählen. Danach höre ich Dir aber gerne zu." So weist Du Deinen Kollegen in die Schranken, ohne dass er sich auf den Schlips getreten fühlt und ihr könnt euer Gespräch anschließend fortsetzen.

Übungen

Die **erste Übung** ist recht einfach, allerdings braucht so mancher - ganz besonders schüchterne Naturen - etwas Überwindung dafür. Es lohnt sich aber, da Deine guten Taten stets auf Dich zurückfallen. Und so geht es: Finde im Alltag verschiedene Gelegenheiten, einfach nett zu irgendjemandem zu sein. Das kann eine vertraute Person sein, aber auch ein völlig fremder Mensch, der Dir auf der Straße oder an der Supermarktkasse begegnet. Beginne mit mindestens einer guten Tat täglich, wobei Du am Anfang ganz einfache Dinge tust. Wünsche beispielsweise der Supermarktkassiererin einen schönen Tag, helfe jemandem an der Kasse mit Kleingeld aus oder trage der älteren Dame die Einkäufe nach Hause. Koche Hühnersuppe für eine kranke Freundin und bringe ihr diese vorbei, lächle einfach so einen Fremden auf der Straße an. Mögliche Nettigkeiten gibt es viele, wie diese Beispiele zeigen. Beobachte dabei, wie die Menschen auf Deine

Freundlichkeit und Hilfsbereitschaft reagieren – und was das mit Dir ganz persönlich macht.

Die **zweite Übung** ist hingegen etwas anspruchsvoller, hilft Dir aber, Deine kommunikativen Fähigkeiten zu verbessern. Nimm Dir eine halbe Stunde Zeit, in der Du Deine Ruhe hast und ungestört nachdenken kannst. Suche in Deinem Gedächtnis nach einer konkreten Gesprächssituation, die Du erst kürzlich erlebt hast. Gehe dieses Gespräch gedanklich noch einmal Punkt für Punkt durch und überlege, was Du hättest besser machen können: An welcher Stelle wäre eine andere Reaktion sinnvoller gewesen? Hast Du das, was Dein Gesprächspartner Dir mitteilen wollte, tatsächlich richtig verstanden? Wo hättest Du nachhaken müssen? Warst Du im Gespräch abgelenkt? Falls ja, wie hätte sich das ändern lassen? Schreibe Deine Verbesserungsvorschläge auf ein Blatt Papier und versuche, sie bei der nächsten Gelegenheit anzuwenden.

Die **dritte Übung** hilft Dir dabei, Deine Beziehung oder, falls Du Single bist, eine wichtige Freundschaft zu verbessern. Achte darauf, auf jede kritische Bemerkung ("Du hast den Abwasch vergessen!" oder "Willst Du wirklich schon wieder mit Deinem Kumpel losziehen?" etc.) mindestens drei bis fünf positive Aussagen zu treffen ("Ich freue mich sehr, dass Du die Wohnung gesaugt hast. Vielen Dank!",

"Das ist wunderschön, wie herrlich ich mit Dir zusammen lachen und mich freuen kann!" etc.). In psychologischen Experimenten konnte nachgewiesen werden, dass ein Verhältnis von etwa 5:1 positive gegen negative Aussagen eine Beziehung stabil und glücklich hält - ganz gleich, ob es sich um eine Liebesbeziehung, um eine Freundschaft oder um Arbeitskollegen handelt.

3.4 Lebensqualität und Sinn

Dem eigenen Leben Qualität und Sinn zu verleihen bedeutet zugleich, es als positiv und bedeutsam anzuerkennen. Das hat natürlich direkte Auswirkungen auf das seelische Gleichgewicht: Was sinnvoll erscheint, bringt eine höhere Motivation und animiert zu besserer Leistung, zudem haben wir mehr Freude daran und sind deshalb ausgeglichener, verspüren weniger Müdigkeit und Unruhe. Ein Leben ohne Sinn hingegen kann nicht glücklich sein und führt häufig in die Depression. Jedoch liegt der Sinn des Lebens für jeden Menschen in anderen Dingen. So ist für manche die große Familie erfüllend, während andere politisch etwas bewegen wollen und sich für bestimmte Themen engagieren. Manche sehen den Lebenssinn in einer großen Karriere, während der nächste sich lieber für andere einsetzt und darin die Erfüllung seines Lebens sieht. Diesen individuellen Lebenssinn zu finden ist eine wichtige Aufgabe für jeden Menschen, denn davon hängt zu einem großen Teil die wahrgenommene Lebensqualität ab.

Das Wichtigste aus diesem Kapitel in Kürze:

- Wer **Lebensqualität** empfindet und einen **Sinn im Leben** erkennt, ist glücklicher.

- Lebensqualität umfasst die **individuellen Lebensbedingungen**.

- Diese lassen sich nicht immer aktiv beeinflussen, sind allerdings in ihrer Wahrnehmung sehr **subjektiv**.

- Viele als **negativ** empfundene Lebensumstände lassen sich durch **verschiedene Maßnahmen** ändern.

- Wenn Du Deine Lebensumstände nicht ändern kannst, kannst Du trotzdem Deine **Einstellung** dazu **ändern**.

- Feste **Ziele im Leben** helfen Dir dabei, Deine Lebensumstände zu ändern.

- **Widerstandskraft**, **Optimismus** und **Hoffnung** helfen durch schwierige Lebensphasen.

Was ist Lebensqualität?

Im Alltag wird der Begriff "Lebensqualität" gleichbedeutend mit der Vorstellung eines "persönlichen Wohlbefindens" verwendet. Damit beschreibt das Wort, wie zufrieden wir selbst mit unseren individuellen Lebensbedingungen sind. Dabei umfasst die empfundene Lebensqualität verschiedene Lebensbereiche, die je nach Person unterschiedlich gewichtet werden. Es handelt sich also um einen höchst subjektiven Begriff, denn die Gewichtung der verschiedenen Bereiche ist sehr persönlich und hängt davon ab, wie relevant ein bestimmtes Thema für eine Person ist. So fühlen sich viele Menschen ohne einen festen Partner unvollständig, weshalb ihre persönliche Lebensqualität in diesem Feld leidet. Andere wiederum sind glückliche Singles, sodass das Thema "Beziehung" bei ihrer Beurteilung keine oder nur eine sehr kleine Rolle spielt.

Der amerikanische Psychologe Michael Frisch forschte schon zu Beginn der 1990er Jahre intensiv zu diesem Thema und stellte seine Ergebnisse in dem - leider nur auf Englisch vorliegendem - Buch "*Quality of life therapy: Interventions to improve the quality of life of patients with emotional or physical problems*" (erschienen 2002 in New

York) vor. Seine Erkenntnisse fließen ebenfalls in die Positive Psychologie ein, sind sie doch elementar für ein zufriedenes und als gelungen empfundenes Leben. Als wichtig für die Beurteilung der Lebensqualität sind gemäß Frisch diese **Lebensbereiche**:

- Gesundheit
- Wohlstand
- Arbeit
- Erholung und Freizeit
- Selbstwert
- Ziele und Werte
- Lernen und Kreativität
- die Möglichkeit, anderen zu helfen
- Beziehungen
- Lebensumstände (Wohnung, Nachbarschaft etc.)

Übung: Welche für Dich wichtigen Bereiche aus dieser Liste sind maßgeblich entscheidend dafür, wie hoch Du Deine persönliche Lebensqualität einschätzt? Empfindest Du selbst Deine persönlichen Lebensbedingungen als gut oder eher schlecht? Woran liegt das? Schreibe Deine Ergebnisse auf ein Blatt Papier und lese anschließend das nächste Kapitel. Dort erfährst Du, wie Du selbst zu einer Verbesserung Deiner Lebensqualität beitragen kannst.

Wege zur Steigerung der Lebensqualität

Keine Frage: Auf so manche Umstände des eigenen Lebens haben wir keinen Einfluss. Nicht jeder findet seinen Traumpartner oder kann sich eine Wohnung in der favorisierten Gegend leisten. Auch unsere Gesundheit unterliegt nicht immer unseren Vorstellungen. Solche Einschränkungen gehören einfach zum Leben dazu, allerdings können wir lernen, mit ihnen besser umzugehen und so unsere Lebensqualität zu erhöhen. Das bedeutet in erster Linie, die Dinge zu ändern, die wir ändern können (und wollen) und die zu akzeptieren, die nicht in unserem Machtbereich liegen. Das ist natürlich nicht einfach, kann aber gelingen - sofern Du Dich darauf einlässt. Michael Frisch gibt in seinem Buch hierzu folgende Ratschläge:

1. Fakten schaffen oder ändern

Die Fakten beschreiben unsere äußeren Lebensumstände, beispielsweise wo, wie und mit wem wir leben, wo und was wir arbeiten etc. Viele Menschen sind unglücklich (und empfinden dies als die Lebensqualität einschränkend), weil sie einen Job haben, der sie nicht erfüllt, in einer Wohnung leben, die sie nicht mögen oder die Freunde nicht so oft treffen, wie sie es gerne würden. Der erste Schritt, das eigene Leben zu verbessern, besteht also in einer Änderung dieser Fakten. Wenn Dir Dein Job nicht gefällt, dann suche Dir einen neuen! Wenn Du Dich in Deiner Wohnung nicht wohlfühlst, dann ziehe um! Möchtest Du hingegen Deine Freunde öfter treffen, dann rufe sie an und vereinbare es!

Das alles liest sich auf dem Papier absolut simpel. Das ist es auch, sofern Du Deine Bedenken und Dein Zaudern überwindest, Dein passives Abwarten beendest und es einfach tust. Konkretes Handeln ist in diesem Fall Deinem Wohlergehen förderlicher als bloßes Abwarten, ob vielleicht von ganz alleine etwas passiert.

2. Eigene Einstellungen ändern

Allerdings lassen sich die Fakten nicht immer ändern. Wenn Du darauf keinen Einfluss hast (beispielsweise, weil Dein Geld nicht für eine Wohnung im von Dir favorisierten Viertel reicht), dann kannst Du immer noch Deine persönliche Einstellung zum Thema ändern. Auf Deine individuelle Bewertung hast Du nämlich einen Einfluss und diesen solltest Du nutzen. In der psychologischen Therapie wird diese Methode übrigens **Reframing** genannt und gilt als recht erfolgreich. Stelle Dir selber Fragen, die Deine bisherige Bewertung infrage stellen und den nicht änderbaren Gegebenheiten schlicht eine andere Bedeutung zuweisen. Dazu könntest Du etwa versuchen, einen zukünftigen Standpunkt einzunehmen ("Werde ich das in zehn Jahren immer noch so sehen?") oder Deine Perspektive ändern ("Wie könnte ich aus dieser Tatsache eine Chance machen?", "Wie sieht Person X diese Angelegenheit?"). Auf diese Weise erhältst Du neue Impulse, die Dich unumstößliche Tatsachen in einem ganz anderen Licht und vielleicht auch positiver sehen lassen.

3. Ziele ändern

Jeder von uns verfolgt seine eigenen Ziele und Pläne im Leben. Allerdings gehört auch dazu, dass wir scheitern - und uns von einst wichtigen Lebensplänen verabschieden müssen. Sei es, weil wir bei der beruflichen Karriere an Grenzen stoßen, weil es mit dem Kinderwunsch nicht klappt oder wir uns schlicht auf bestimmte Dinge beschränken müssen - am liebsten aber alles zusammen und gleichzeitig machen würden. In diesem Fall ist es wichtig, rechtzeitig die Kurve zu bekommen und nicht übermäßig lang an nicht erreichbaren Zielen festzuhalten. Stattdessen gilt es, von Zeit zu Zeit (also in regelmäßigen Abständen) eine Neubewertung vorzunehmen und gegebenenfalls die eigenen Ziele an neue Situationen anzupassen. Finde einen neuen Plan für Dein Leben und mache dabei nicht den Fehler, Dich mit anderen zu vergleichen. Das Leben noch einmal umzuwerfen und vielleicht im fortgeschrittenen Alter noch etwas neues zu wagen - ganz gleich auf welchem Gebiet - erfordert zudem sehr viel Mut.

4. Prioritäten ändern

Im Leben kommt es oft ganz anders als man denkt, weshalb Du gelegentlich Deine bisherigen Prioritäten (d. h. wie wichtig Dir bestimmte Bereiche Deines Lebens sind) überdenken musst. Das kann passieren, wenn Du plötzlich die Liebe Deines Lebens triffst, ein Kind bekommst oder Dir Dein Traumjob in einer anderen Stadt angeboten wird. Die Frage an dieser Stelle ist nur: Liegt es in Deiner Macht, Deine Prioritäten zu wechseln oder nicht? Falls Du in dieser Hinsicht keine Einflussmöglichkeiten hast, dann solltest Du die Wichtigkeit Deiner Lebensbereiche nach Handlungsmöglichkeiten sortieren. Wende Dich bevorzugt den Dingen zu, die Du aktiv beeinflussen und verändern kannst. Ein gutes Beispiel hierfür ist etwa eine (chronische) Krankheit, deren Vorhandensein und Verlauf Du nicht beeinflussen kannst. Fokussiere Dich nicht darauf, sondern suche Dir einen anderen, wirkungsvolleren Lebensbereich.

5. Ausnutzen von Hebelwirkungen

Manchmal mindert ein ganz bestimmter Lebensbereich (beispielsweise die mangelnde Gesundheit) unsere Lebensqualität, aber wir haben keinerlei Möglichkeiten, daran etwas zu ändern. Allerdings gilt hier die Regel: Strebe Verbesserungen in anderen Bereichen an, dann verbessert sich damit auch die Gesamtsituation. Durch eine Hebelwirkung erhöht sich die Lebensqualität, sodass Du auch mit dem eher unzufriedenen Bereich leichter leben kannst.

Ein Beispiel: Manchmal muss man seine Brötchen mit Jobs verdienen, die man nicht besonders mag oder als sinnvoll erachtet. Wenn Du keinen neuen Job mit den Bedingungen, die Du brauchst, findest, dann verschiebe Deinen Fokus auf andere Dinge. Das können Freizeitaktivitäten wie etwa ein neues Hobby oder auch die Familie sein. Bist Du in diesem Bereich zufrieden, dann lässt sich auch der ungeliebte Job leichter ertragen - und manchmal ergeben sich dann ganz unverhofft doch noch neue Möglichkeiten.

Worin besteht der "Sinn des Lebens"?

Was eigentlich ist der Sinn des Lebens? Diese Frage stellen sich die Menschen schon seit tausenden von Jahren und haben dabei unzählige Antworten gefunden. So mancher behauptet gar von sich, die eine, für alle Menschen gültige Antwort gefunden zu haben. Aus psychologischer Sicht lässt sich dazu sagen: Was für den einen sinnvoll bzw. sinnerfüllend ist, hat für einen anderen keine (positive) Bedeutung. Der "Sinn des Lebens" ist eine **höchst individuelle Angelegenheit**, die jeder für sich selbst beantworten muss. Oder auch nicht, denn viele Erfahrungen von Sinnhaftigkeit oder auch -losigkeit bleiben im Alltag unbewusst.

Warum ist der Mensch auf der Welt?

Diese sehr philosophische Frage kann nicht abschließend beantwortet werden, da jeder andere Antworten hat. Diese fallen teils auch konträr aus, je nach eigener Sichtweise. Religiöse Menschen sehen ihren Lebenssinn beispielsweise in ihrer Beziehung zu Gott und finden darin eine befriedigende Lösung. Aber es muss nicht immer einen großen Gesamtsinn im Leben geben; ein großes Ziel, das den Zweck unseres Lebens erklärt. Die meisten Menschen schöpfen ihren Lebenssinn aus vielen kleinen Quellen des Alltags, etwa aus dem Zusammenleben mit der Familie, aus einer Partnerschaft, aus dem Bedürfnis, anderen zu helfen oder dem Ziel, die berufliche Karriereleiter Stufe für Stufe zu erklimmen. So mancher sieht auch das große Haus und das schicke Auto für sich als sinnvoll an.

All diese Sichtweisen sind legitim, denn wie schon der griechische Philosoph Platon vor mehr als 2000 Jahren schrieb: Ein glückliches Leben führt der Mensch, der hat, was gut für ihn ist. Aus psychologischer Sicht handelt es sich bei "Sinn" um "*[...] eine Bedeutung oder Bewertung, die wir bei einer Tätigkeit, einem Geschehen oder einem Ereignis wahrnehmen oder erleben, die wir herstellen oder dem Geschehen / der Tätigkeit geben*".[6]

Die meisten Menschen machen sich über den Sinn ihres Lebens allerdings erst Gedanken, wenn dieser abhandenkommt. Das kann durch einen Schicksalsschlag wie etwa den Tod einer geliebten Person, den Verlust der Gesundheit oder durch plötzliche Arbeitslosigkeit geschehen.

---

[6] vgl. Tausch, Reinhard (2004): Sinn in unserem Leben. In: Auhagen, Elisabeth: Positive Psychologie, S. 100

Aber auch die Entwertung von Zielen und Idealen führt zu einem dramatischen Sinnverlust, ebenso wie viele andere Gründe. Ein solcher Verlust entmutigt uns, macht uns hoffnungslos, grüblerisch, depressiv und passiv. Werden bestimmte Arbeiten oder Tätigkeiten als sinnlos empfunden, dann verringert sich die Einsatzbereitschaft. Langfristig gesehen führt ein solcher Sinnmangel zu seelischen Beeinträchtigungen bis hin zu Erkrankungen wie etwa einer Depression.

In diesem Fall besteht die Aufgabe darin, einen neuen Sinn zu finden. Dazu ist es wichtig, Antworten auf folgende Fragen zu finden:

- Was ist **jetzt**, in dieser Situation, **entscheidend**?
- **Wofür** könnte dieses **Ereignis** / Erlebnis **gut** sein?
- Welcher größere **Zusammenhang** verbirgt sich dahinter?
- Gibt es überhaupt einen größeren **Zusammenhang?**
- Was genau ist mir **jetzt wichtig**?

Achte dabei im Alltag ganz genau darauf, welche Tätigkeiten und Aufgaben Du als sinnvoll erachtest. Dabei geht es nicht um "Spaß" oder um Dinge, die Du kaufen kannst. Stattdessen ergeben sich derartige Sinnerfahrungen oft bei einer bestimmten Tätigkeit, die Du für etwas oder jemanden erledigst. Du kannst es beispielsweise als sinnvoll empfinden, Dich um Deine Kinder zu kümmern und für sie da zu sein. Du kannst Dich aber auch für Themen stark machen, die Dir wichtig sind. Kommt Dir hingegen Deine Arbeit sinnlos vor, macht sie Dir keinen "Spaß"? Dann trete einen Schritt zurück und mache Dir folgendes bewusst: Jede Arbeit, auch die scheinbar sinnloseste, hat einen Sinn. Dein Job sichert Deine Existenz und sorgt dafür, dass Du Deine Miete bezahlen, Dir Essen kaufen und einem Hobby nachgehen kannst. Außerdem wird Deine Arbeitskraft offensichtlich gebraucht und Du für Deine Tätigkeit bezahlt. Das ist doch auch nicht schlecht, oder?

3.5 Widerstandskraft

"*Was mich nicht umbringt, macht mich stärker*" behauptete schon der Philosoph Friedrich Nietzsche in seinem 1889 erschienenem Werk "Götzendämmerung". So plakativ dieser Ausspruch auch erscheint, so steckt doch ein Körnchen Wahrheit darin. Seit einigen Jahren interessiert sich die psychologische Forschung verstärkt für Themen wie **Resilienz**, Widerstandskraft und posttraumatische Reifung. Dabei handelt es sich definitionsgemäß um "*das Vermögen [...], unter oder nach schwierigen Umständen gut zu funktionieren und sogar daran zu wachsen*".[7]

Manche Menschen erleben ein posttraumatisches Wachstum als Reaktion auf traumatische Erlebnisse wie beispielsweise schwere Krankheiten, Unfälle, Naturkatastrophen etc. Diese äußern sich in Form von positiven psychischen Veränderungen, die sich einem der folgenden fünf Bereiche zuordnen lassen:[8]

> **Eröffnung neuer Möglichkeiten**: "Ich habe neue Interessen hinzugewonnen".

---

[7] vgl. Bannink, Fredrike P. (2012): Praxis der Positiven Psychologie, S. 51
[8] vgl. Gerrig, Richard (2018): Psychologie, S. 489

- **Vertiefung der Beziehung zu anderen Menschen:** "Ich fühle mich anderen Menschen näher als zuvor".

- **Innere Stärke:** "Ich habe gelernt, auf mich selbst zu vertrauen".

- **Wertschätzung und Dankbarkeit:** "Ich habe gelernt, das Leben zu schätzen und fühle Dankbarkeit".

- **Spiritualität:** "Ich habe ein tiefes Verständnis für Gott / für Religion gewonnen".

Erschütternde oder sogar traumatische Ereignisse sind Teil des Lebens, die meisten Menschen erleben mindestens einmal ein solches Geschehen. Dennoch sind viele hinterher nicht traumatisiert, sondern erleben sich selbst als gestärkt. Natürlich sind negative Gefühle wie Verzweiflung, Ohnmacht, Angst und Hilflosigkeit im Falle einer Naturkatastrophe oder einer durch andere Menschen verursachten Tat vollkommen normal. Tatsache ist allerdings auch, dass die meisten Menschen in der Lage sind, sich nach belastenden Erfahrungen wieder aufzurichten. Nur eine Minderheit entwickelt im Anschluss eine sogenannte

Posttraumatische Belastungsstörung (PTBS), die zudem bei einem großen Teil der Betroffenen nach einer Weile wieder verschwindet.

Das zeigt, dass Menschen eine **enorme Widerstandskraft** besitzen und zudem schlimme Erfahrungen im Leben uns auf eine gewisse Art auch reifen lassen. Das gelingt uns, indem wir mit solchen Erlebnissen richtig umgehen. Dies wusste schon der griechische Philosoph Epiktet, der einst in seinem "Handbuch der Moral" schrieb: "Wer dem unausweichlichen Schicksal sich in rechter Weise fügt, der gilt als weise uns und kennt der Götter Walten".[9] Ins moderne Deutsch übersetzt könnte man auch sagen: "Es geht nicht um das, was einem widerfährt - sondern wie man damit umgeht". Solche Erkenntnisse lassen uns doch hoffen, nicht wahr? Doch wie lässt sich diese Widerstandskraft entwickeln? Welche Faktoren und Eigenschaften sind wichtig, um schlimmen Lebensereignissen etwas entgegenzusetzen?

---

[9] Epiktet: Handbuch der Moral, Kapitel 2, Vers 53

Der Blick in die Zukunft und andere Strategien

Widerstandskraft gegenüber schweren Ereignissen speist sich vor allem aus einem: Hoffnung. Hoffen kann jedoch nur der, der seinen Blick in die Zukunft richtet und dort ein neues Ziel als Ankerpunkt festlegt. Dies geschieht etwa, indem Du gedanklich nicht in Deiner schwierigen Lebenslage verharrst, sondern Dir eine bessere Zukunft erträumst. Dieser Traum kann Dir dabei helfen, aus Deiner momentanen Situation herauszukommen.

Hierzu eine **Übung**:
Stell Dir vor, Du bist 80 Jahre alt und sitzt gemütlich in Deinem Schaukelstuhl auf der Veranda. Die Sonne scheint, der Himmel ist blau und Du denkst über Dein Leben nach, lässt es Revue passieren. Du denkst an die Phase / die Situation, in der Du Dich tatsächlich gerade befindest und betrachtest diese von einem weit entfernten Standpunkt aus. Was meinst Du, würdest Du selbst als alte Frau Dir jetzt raten? Was würdest Du Dir selbst sagen, um Dich zu trösten?

Die Antworten, die Du Dir selbst gibst, können Dir in der Bewältigung Deiner jetzigen Leidenssituation sehr helfen.

Daneben gibt es jedoch noch andere Strategien, um mit schwierigen Lebenssituationen umzugehen und diese zu bewältigen. In der Psychologie werden diese Formen der Auseinandersetzung auch als "**Coping**" (zu Deutsch: "zurechtkommen mit", "etwas bewältigen") bezeichnet. Grundsätzlich unterscheidet man **zwei Arten von Bewältigungsstrategien**: eine, die eine Veränderung der Situation anstreben und jene, welche die eigenen Gedanken und Gefühle ändern.

Beispiele für solche Strategien sind etwa:

- Ich entwickle einen Plan, um mit der Situation zurechtzukommen.
- Ich treffe keine negativen (Selbst-)Aussagen, sondern versuche, die Situation möglichst rational zu betrachten.
- Ich denke darüber nach, was ich selbst in dieser Situation tun kann.
- Ich bewältige einen Schritt nach dem anderen und weiß, dass ich diese Situation bewältigen kann.
- Ich atme langsam und tief.

- Ich denke: "Das ist **nicht das Schlimmste**, was mir passieren kann".

- Ich **denke** einfach an **etwas anderes**.

- Ich **registriere** die **Fortschritte**, die ich schon gemacht habe.

- Ich lasse mir **von anderen helfen**.

Grundsätzlich gibt es keine "guten" oder "schlechten" Bewältigungsstrategien, mit einer Ausnahme: Gesundheitsschädlich und wenig förderlich für das Meistern schwieriger Situationen sind Rauschmittel wie Alkohol, Drogen oder auch Medikamente. Diese betäuben Dich lediglich, helfen Dir aber nicht aus einer verfahrenen Lage heraus. Stattdessen bist Du mit der Verarbeitung lebensverändernder Ereignisse erfolgreich, wenn Du möglichst verschiedene Strategien einsetzt und darin flexibel bist.

Wie wichtig eine optimistische Sichtweise ist

Menschen besitzen ein unterschiedlich hohes Maß an Widerstandskraft. Manche zeigen sich erstaunlich unerschütterlich selbst nach extrem traumatischen Ereignissen, während andere sehr schnell zusammenbrechen und sich nur schwer erholen. Für diesen Unterschied gibt es viele Gründe, wobei anscheinend Erfahrungen aus der Kindheit eine große Rolle spielen. Häufig sind gerade die Menschen besonders resilient, die von ihren Eltern oder anderen Erwachsenen als Kind große Unterstützung erfahren haben. Dabei spielt es keine Rolle, ob die Kindheit an sich unschön war: Gab es eine einfühlsame, unterstützende Bezugsperson, so spielte diese bei der Ausbildung der Widerstandskraft eine große Rolle. Das müssen übrigens nicht zwingend die eigenen Eltern gewesen sein, auch eine Lehrerin oder ein Lehrer, ein Nachbar oder die Großeltern können diese Funktion übernehmen.

Für eine höhere Widerstandsfähigkeit gibt es jedoch noch einen weiteren Grund, nämlich eine optimistische Sichtweise. Schlicht gesagt: Wer von vornherein davon ausgeht, eine schlimme Phase im Leben zu überstehen, der tut dies in der Regel auch. Natürlich gilt diese Erkenntnis auch umgekehrt: Wer einen pessimistischen Blick auf die Dinge hat, dem widerfahren auch eher negative Dinge. In der Alltagspsychologie ist das Phänomen auch als "selbsterfüllende Prophezeiung" bekannt und beweist wieder einmal, wie wichtig eine positive Haltung für ein gelingendes Leben ist. Im Gegensatz zu den Erfahrungen aus der Kindheit lässt sich Optimismus zudem antrainieren, wie Du bereits erfahren hast.

Es gibt jedoch noch weitere Quellen für eine hohe Widerstandskraft, die der amerikanische Psychologe Bill O'Hanlon in seinem Buch "Evolving possibilities"[10] (zu Deutsch etwa: "Entwicklungsmöglichkeiten") beschreibt:

Connection

(Verbindung): Was verbindet mich mit anderen Menschen oder einem höheren Ziel (z. B. Gott)?

---

[10] Bertolino, Bob; O'Hanlon, Steffanie Alexander (1999): Evolving possibilities – Selected Papers of Bill O'Hanlon

Compassion

(Barmherzigkeit): Sei nicht gegen die Welt, sondern verhalte Dich gegenüber Deinen Mitmenschen freundlich und verständnisvoll.

Contribution

(Beitrag): Tu anderen und der Welt etwas Gutes.

Was hat das nun mit Widerstandskraft zu tun, fragst Du Dich? Die Frage ist nicht unberechtigt, denn tatsächlich handelt es sich nicht um direkte Bewältigungsstrategien für schwierige Lebensphasen. Allerdings hast Du in den vorangegangenen Kapiteln erfahren, dass Eigenschaften und Verhaltensweisen wie Freundlichkeit und Mitgefühl nicht nur einen positiven Effekt auf andere, sondern auch auf Dich selbst haben. Indem Du auch in stressigen Situationen die 3 "C's" beherzigst, weitest Du zudem Deinen Blick und fokussierst Dich nicht mehr auf Dich selbst und Deinen Schmerz. Stattdessen verschiebst Du Deinen

Blickwinkel von Dir selbst und reduzierst zugleich Dein Leiden. Zu guter Letzt erfährst Du durch Deine positiven Handlungen entsprechendes Feedback, was wiederum Deiner geplagten Seele guttut.

Hinweis:

In diesem Kapitel war unter anderem von "posttraumatischem Wachstum" die Rede. Dabei handelt es sich um ein spezielles Gebiet der Psychologie und meint nicht, dass jeder Mensch nach einem schlimmen Erlebnis ein solches Wachstum als positive Erfahrung für sich herausziehen kann. Das muss er auch nicht, ebenso wenig, wie für jedes persönliche Reifen stressige und / oder schmerzvolle Erlebnisse nötig sind.

3.6 Persönliche Stärken

"*Nennen Sie uns Ihre Stärken und Schwächen!*" ist eine beliebte Aufforderung im Vorstellungsgespräch, auf die viele Menschen wiederum nur mit Floskeln antworten können. Tatsächlich sind sich viele ihrer wirklichen Stärken nicht bewusst, sodass deren Potenzial ungenutzt verpufft. Doch wenn Du weißt, wer Du bist und was Du kannst, dann hast Du mehr Entwicklungsmöglichkeiten sowohl im Privat- als auch im Berufsleben. Daher gehört dieses Thema ebenfalls zu den relevanten Forschungsgebieten der Positiven Psychologie.

Das Wichtigste aus diesem Kapitel in Kürze:

- **Stärken** sind **persönliche Eigenschaften** und Fähigkeiten, die bei jedem Menschen individuell ausgeprägt sind.

- Deine **persönlichen Stärken** sind wichtig für Deinen **Erfolg** im Leben - sowohl im beruflichen wie auch im privaten Bereich.

- **Stärken** sind Teil unseres **Charakters**.

- **Konzentriere Dich** weniger auf Deine (vermeintlichen) Schwächen, sondern setze Deinen Fokus auf Deine Stärken.

- **Kenne Deine Stärken** und setze sie häufig und vielfältig im täglichen Leben ein.

Was sind Stärken?

Doch zunächst einmal gilt es, den Begriff "Stärken" genauer einzugrenzen. Was genau verbirgt sich denn hinter diesem Wort? Robert Biswas-Diener, ein renommierter US-amerikanischer Psychologe, definierte den Begriff in seinem 2010 erschienenem Buch "Practising Positive Psychology Coaching: Assessment, Activities and Strategies for Success" folgendermaßen: "*Stärken sind persönliche, überdauernde Muster von Gedanken, Gefühlen und Verhaltensweisen. Sie sind individuell, geben Energie und ermöglichen beste Leistung*".

Es handelt sich also um ganz persönliche Fähigkeiten und Eigenschaften, die entscheidend für Deinen Erfolg und Deine Lebenszufriedenheit sind. Allerdings konzentrieren wir uns nur wenig auf das, was uns ausmacht und worin wir gut sind. Stattdessen versuchen wir, unsere (vermeintlichen) Schwächen zu bekämpfen. Machen wir doch einmal den Test: Nenne doch einmal - ohne lange darüber nachzudenken - Deine persönlichen Schwächen. Schreibe sie auf. Wie viele Schwächen zählst Du? Ist Dir die Aufgabe schwergefallen? Und nun zähle einmal Deine Stärken auf. Wie viele Stärken fallen Dir auf Anhieb ein?

Es gibt viele Gründe, weshalb den meisten von uns mehr Schwächen als Stärken einfallen und weshalb es uns überhaupt so schwerfällt, uns auf unsere Kernkompetenzen zu besinnen. Biswas-Diener führt ein paar auf:

Genetik	Evolutionär gesehen ist die Konzentration auf Gefahren und Probleme (ergo Schwächen) für das Überleben sinnvoll.
Dringlich	Negative Reize - wie sie durch Probleme verursacht werden - generieren einen "Tunnelblick", sodass wir uns nur auf die Schwächen und nicht auf die Stärken konzentrieren.
Kultur	Viele von uns sind schon als Kinder darauf getrimmt worden, Fehler - beispielsweise Schwächen in Mathematik oder Rechtschreibung - auszumerzen. Unsere Stärken hingegen waren in der Schule selten ein Thema.

Dabei ist es psychologisch gesehen ein Irrtum, dass man durch das Eliminieren von Schwächen bessere Leistungen erbringt oder persönlich reift. Stattdessen gilt es, die eigenen Stärken herauszufinden und zu vertiefen.

Möchtest Du Deine Stärken kennenlernen? Dann hilft Dir dabei vielleicht diese **Übung**, die Du alleine oder in einem gemeinsamen Gespräch mit einem Partner absolvieren kannst. Entscheidest Du Dich für die letzte Option, sind die bereits erwähnten Kommunikationsregeln anzuwenden.

Beantworte diese Fragen möglichst ausführlich:

- **Welche** vergangenen **Verhaltensweisen** oder Aktivitäten machen Dich **stolz**?
- Was hast Du in der **Vergangenheit** stets **gut** und gerne **gemacht**?
- Welche Dinge findest Du **aktuell aufregend** oder spannend?
- **Worin investierst Du** viel Zeit und Energie?
- **Woher** erhältst Du Deine **Energie**?

> Worauf freust Du Dich in der Zukunft am meisten?

Mit Hilfe dieser Fragen kannst Du herausfinden, auf welchen Gebieten Du besonders gut bist. Mögliche Antworten findest Du auch im nächsten Abschnitt über Charakterstärken.

Charakterstärken

Die Frage danach, was einen "guten Charakter" ausmacht, war sehr lange Zeit vor allem ein Thema der Philosophie. Psychologen hingegen interessierten sich mehr für objektiv fassbarere Aspekte der menschlichen Persönlichkeit. Seit einigen Jahren ist das anders, denn ein "*guter Charakter ist ausschlaggebend, damit Menschen und Gesellschaften gedeihen und aufblühen*".[11]

Was menschliche Tugenden sind und welchen Zweck diese erfüllen, darum haben sich schon die großen Philosophen der Antike intensive Gedanken gemacht. Psycho-

---

[11] Martin Seligman, vgl. Blickhan (2015): Positive Psychologie, S. 158

logen, die diese Tugenden heutzutage als "Charakterstärken" bezeichnen, haben ein besonderes Interesse daran, indem sie Menschen dazu ermutigen, diese Eigenschaften zu entwickeln. Zwar sind diese Charakterstärken in allen Kulturen wichtig, allerdings basieren sie auf unterschiedlichen kulturellen und gesellschaftlichen Werten und Normen.

Martin Seligman und seine Kollegen beschäftigten sich intensiv mit allen wichtigen Religionen und philosophischen Traditionen und stellten fest, dass die gleichen sechs Tugenden in nahezu allen Kulturen über drei Jahrtausende hinweg geteilt wurden. Sie lassen sich erneut unterteilen, sodass man auf insgesamt 24 Charakterstärken kommt. Sie alle sind mehr oder weniger ausgeprägt in jedem von uns vorhanden.

Weisheit & Wissen	Kreativität, Neugier, Liebe zum Lernen, Aufgeschlossenheit, Weisheit
Mut	Authentizität, Tapferkeit, Lebenskraft, Ausdauer
Humanität	Freundlichkeit, Bindungsfähigkeit, soziale Intelligenz

Gerechtigkeit	Fairness, Führungsvermögen, Teamfähigkeit, Loyalität
Mäßigung	Bereitschaft zur Vergebung, Bescheidenheit, Umsicht, Selbstregulation
Transzendenz	Sinn für das Schöne und Gute, Dankbarkeit, Hoffnung, Humor, Spiritualität

Im folgenden Abschnitt werden die aufgeführten Tugenden und Charakterstärken kurz erläutert. Vielleicht findest Du Dich selbst in einigen der Beschreibungen bereits wieder?

1. Weisheit

Unter diesem Begriff versammeln sich alle **kognitiven Stärken**. *Kreative Menschen* sind stets bestrebt, neue und effektivere Problemlösungsstrategien zu entwickeln. Viele Menschen verbinden Kreativität mit künstlerischen Fertigkeiten, allerdings meint der Begriff einen eher allgemein zu verstehenden Einfallsreichtum. Wer *neugierig* ist, hat an vielen Dingen und Themen Interesse, sucht nach Abwechslung und neuen Herausforderungen. Die *Liebe zum Lernen* hingegen ist mit der Neugier verwandt, kennzeichnet sich jedoch durch den gezielten Erwerb neuer

Fähigkeiten und Wissensgebiete. *Aufgeschlossene Menschen* durchdenken die Dinge gründlich und beleuchten sie von allen Seiten. Wer *weise* ist, verbindet gelebte Lebenserfahrung mit einer großen Fülle an Wissen. Typischerweise sind weise Menschen gerngesehene Ratgeber.

2. Mut

Hier versammeln sich verschiedene **emotionale Stärken**, die durch den Willen, ein Ziel trotz aller Hindernisse zu erreichen, gekennzeichnet sind. *Authentizität* meint in diesem Zusammenhang Aufrichtigkeit sowie die Liebe zur Wahrheit. Menschen mit dieser Eigenschaft treten für ihre Prinzipien ein. *Tapfere Menschen* hingegen schrecken vor Herausforderungen nicht zurück, auch wenn diese Bedrohungen oder Schmerzen nach sich ziehen. Sie handeln gemäß ihren Überzeugungen und handeln auch gegen Widerstände nach ihren Prinzipien. Wer *ausdauernd* ist, gibt nicht so schnell auf. Diese Menschen sind sehr zielstrebig und führen einmal begonnene Aufgaben beharrlich bis zum Ende durch.

3. Humanität

Diese Stärken beziehen sich auf den **zwischenmenschlichen Bereich** und ermöglichen eine liebe- und vertrauensvolle Interaktion überhaupt erst. *Freundliche Menschen* sind hilfsbereit, großzügig und zeigen ihren Mitmenschen gegenüber stets ihre Wertschätzung. *Bindungsfähigkeit* äußert sich durch die Fähigkeit, zwischenmenschliche Nähe herstellen und zulassen zu können. Eine hohe *soziale Intelligenz* wiederum kennzeichnet sich durch ein in verschiedenen Situationen stets angemessenes Verhalten. Menschen mit dieser Eigenschaft - vor einigen Jahrzehnten bezeichnete man diese noch als Emotionale Intelligenz oder EQ - besitzen ein hohes Einfühlungsvermögen sowie die Fähigkeit zur Selbstreflektion.

4. Gerechtigkeit

Die in dieser Gruppe versammelten Stärken ähneln sehr stark denen der Humanität, beziehen sich jedoch auf **Gruppen- oder Gemeinschaftsbeziehungen**. *Fairness* meint hierbei, die Menschen nach den Prinzipien der Gerechtigkeit und Gleichheit zu behandeln. Menschen mit einem ausgeprägten *Führungsvermögen* übernehmen hingegen ganz natürlicherweise die Führung der Gruppe.

Sie besitzen häufig ein ausgeprägtes Organisationstalent. *Teamfähige Menschen* integrieren sich leicht in (bestehende) Gruppen und ordnen sich zugunsten dieser auch gegen eigene Interessen unter.

5. Mäßigung

Hierbei handelt es sich um eine der vier Kardinaltugenden, die bereits Platon (428/27 v. Chr. bis 348/47 v. Chr.) postulierte. Sie wird auch als **Besonnenheit** oder Beherrschung bezeichnet und spricht sich gegen emotionale Extreme wie Hass oder Arroganz aus. Die *Bereitschaft zur Vergebung* ist hier ebenso vertreten wie *Bescheidenheit*, *Umsicht* (d. h. die Fähigkeit zu achtsamen, sorgfältigen Entscheidungen) und *Selbstregulation* (d. h. Selbstbeherrschung und Selbstdisziplin). Diese Fähigkeiten sind jedoch bei den meisten Menschen eher gering ausgeprägt.

6. Transzendenz

In dieser Gruppe sammeln sich schließlich die **sinnstiftenden Stärken**, die dem Einzelnen eine Verbindung zum "großen Ganzen" erlauben. Wer einen ausgeprägten *Sinn für das Gute und Schöne* hat, nimmt Schönheit in allen

Lebens- und Wissensbereichen bewusst wahr und empfindet angesichts dieser Bewunderung und Ehrfurcht. Dabei muss sich dieser Sinn nicht nur auf Kunst beschränken, sondern kann auch hinsichtlich der Natur, der Mathematik, den Wissenschaften oder auch ganz alltäglichen Dingen auftreten. *Dankbare Menschen* sind wertschätzend und nehmen viele Dinge nicht als selbstverständlich wahr. Wer *hofft*, ist zuversichtlich und erwartet, stets aktiv mitgestalten zu können. *Humorvolle Menschen* sehen stets die positiven Seiten der Dinge und bringen ihre Mitmenschen gern zum Lachen. *Spirituell* geprägte Menschen glauben nicht zwangsläufig an Gott, sondern sehen eine Verbindung mit den transzendenten (im Sinne von "übersinnlich") Lebensaspekten.

Neben den hier aufgeführten Stärken gibt es natürlich noch viele andere. Allerdings sind diese nicht universell und damit nicht in allen Kulturen gleichermaßen vertreten oder weisen starke Ähnlichkeiten mit bereits beschriebenen Eigenschaften auf.

Unter der Webadresse http://www.persoenlichkeitsstaerken.ch/ bietet die Universität Zürich für Interessierte einen kostenlosen **Charakterstärkentest** an, den Du online durchführen und dabei mehr über Dich erfahren kannst. Du kannst diesen Test absolvieren und mit Hilfe dieser Fragen für Dich reflektieren:

- **Was Neues** hast Du durch den Test über Dich erfahren?
- Wenn Du Deine angezeigten **Top-Stärken** betrachtest, was fühlst Du dabei?
- Welche Deiner **Stärken ergänzen sich** besonders gut?
- Wie können Deine persönlichen Stärken Dir dabei helfen, **positive Gefühle** zu **erleben**?
- Welche **Ziele** setzt Du Dir nun für Dein Leben?
- Welche **Probleme** können durch diese Stärken auftreten?
- Wie kannst Du **diese vermeiden**?

Einfluss auf Lebenszufriedenheit, Gesundheit und Erfolg

Was hat das alles nun mit Dir und Deinem Alltag zu tun? Gemäß den Ergebnissen psychologischer Forschungen[12] (die Du bei Interesse unter anderem im Artikel "*Orientations to happiness und life satisfaction in twenty-seven nations*", erschienen 2009 in "The Journal of Positive Psychology" nachlesen kannst) fühlen sich Menschen im Allgemeinen wohler, wenn sie ihre eigenen Stärken kennen und diese einsetzen können. Der Effekt ist so stark, dass solche Menschen weniger von Depression betroffen sind und sich nach einer Krankheit sogar schneller erholen.

Besonders zufrieden mit ihrem Leben sind dabei Menschen, die ein hohes Maß an Tugenden wie Lebenskraft, Hoffnung, Dankbarkeit, Bindungsfähigkeit und Neugier aufweisen. Auch wer freundlich und humorvoll ist, ist in der Regel zufriedener mit seinem Leben. Manche Charakterstärken - vor allem Freundlichkeit, Hoffnung, soziale Intelligenz, Urteilsvermögen und Selbstregulation - wirken sogar schützend gegen die negativen Folgen von Stress und Traumata.

---

[12] vgl. Peterson, Christopher; Willibald, Ruch (2009): Orientations to happiness and life in twenty-seven nations. In: The Journal of Positve Psychology, Vol. 4, S. 273-279

Übung

Damit Du von diesen Effekten profitieren kannst, übe das Einsetzen Deiner Stärken. Das funktioniert ganz gezielt mit der Methode "**Five-a-day**", die auf den Psychologen Nic Marcs zurückgeht. Hierfür nimmst Du die fünf Stärken, die laut Charakterstärkentest bei Dir besonders ausgeprägt sind. Entwickle Ideen, wie Du jede dieser Stärken mindestens einmal am Tag einsetzen kannst und setze Deine Vorhaben in die Tat um. Wenn Du möchtest, kannst Du auch "schlafende" Stärken gezielt fördern, indem Du ebenfalls auf die beschriebene Weise vorgehst.

3.7 Flow

Das Wichtigste aus diesem Kapitel in Kürze:

- **Flow** ist ein Gefühl von **völligem Aufgehen** in einer Tätigkeit.
- **Flow-Erlebnisse** machen **glücklich** und **zufrieden**.
- Zudem **stärken** sie die **Motivation** und **verbessern** die **Leistungsfähigkeit**.
- Flow lässt sich **trainieren**.

Wenn Kinder spielen, versinken sie sehr oft in ihrer Welt. Sie sind scheinbar nicht mehr ansprechbar, reagieren erst nach mehrfacher Aufforderung auf Nachfragen und blenden ihre Umgebung völlig aus. Für diesen Zustand fand die Psychologie den Begriff "Flow", da es sich um einen als fließend wahrgenommenen Bewusstseinszustand handelt.

Wer "im Flow" ist, erlebt ein Gefühl von völliger Vertiefung und des Aufgehens in einer oft herausfordernden Tätigkeit. Das Gefühl für die Zeit verschwindet praktisch, zudem scheinen Menschen "in the zone" (so der englische Begriff) weder Hunger noch Durst oder Müdigkeit zu verspüren. Stattdessen berichten sie von einem starken Gefühl von Glück und Zufriedenheit.

Typische Kennzeichen von Flow sind:

- ein **klares, eindeutiges Ziel**
- **Zielgerichtetheit** und ein hohes Maß an **Konzentration**
- **völliges Aufgehen** in der Tätigkeit, man "vergisst sich selbst"
- **Verlust** des **Zeitgefühls**
- **Gefühl** der **Kontrolle** über Situation und Aktivität
- **intrinsische Motivation**: Man macht die Tätigkeit nicht wegen einer später erwarteten Belohnung, sondern um der Sache selbst willen

Charakteristischerweise treten Flow-Erlebnisse vor allem dann auf, wenn die Tätigkeit zwar herausfordernd, aber keinesfalls überfordernd ist. Zwischen den eigenen Fähigkeiten und der Aufgabe sollte ein ausgewogenes Verhältnis bestehen. Erwachsene erleben diesen Zustand nicht mehr so häufig wie Kinder, so mancher sogar überhaupt nicht mehr. Sehr oft tritt ein Flow-Erleben jedoch im Hobby- und Freizeitbereich auf, etwa bei sportlich, musisch oder künstlerisch tätigen Menschen.

Stattdessen tritt bei Schülern sowie vielen Erwachsenen ein Phänomen auf, dass Forscher als "Microflow" bezeichnen. Dieser Zustand ähnelt dem des Flow, ist aber längst nicht so intensiv ausgeprägt. Beim Mikroflow hältst Du während einer bestimmten Tätigkeit (beispielsweise während des Telefonierens) Deine Aufmerksamkeit stabil und "bei der Sache", indem Du nebenbei ein Blatt Papier bekritzelst, mit dem Kugelschreiber schnippst oder mit dem Fuß wippst.

Flow und Microflow wirken sich auf Deine Psyche sowie auf Deine Aufmerksamkeit sehr positiv aus. Die Erfahrung verursacht

- zutiefst **positive Gefühle**
- **Zufriedenheit** und **Glück**
- ein Gefühl von **persönlicher Erfüllung**
- ein Gefühl von **Sinnhaftigkeit**
- **Euphorie** und **Begeisterung**
- eine gebündelte, fokussierte **Aufmerksamkeit**
- tiefe **Konzentration**
- **hohes Leistungsniveau**, das scheinbar mühelos erzielt wird

Das klingt doch gut, nicht wahr? Kein Wunder, dass Flow in der Positiven Psychologie eine große Rolle spielt.

Übung

Die gute Nachricht: Flow ist kein Glücksfall, man kann das Erreichen dieses Zustandes trainieren. Dabei hilft Dir die folgende Übung:

Überlege einmal, wann Du das letzte Mal einen Flow-Zustand erlebt hast. Möglicherweise liegt dies schon recht lange zurück. Bei welcher Tätigkeit kam das vor? Was hast Du dabei gefühlt? Falls Du Dich an kein solches Erlebnis erinnern kannst oder es wirklich schon sehr lange her ist, dann stelle Dir diese Fragen und versuche, eine Antwort darauf zu finden:

- **Welche Tätigkeiten** scheinen Dir geeignet, dass Du einmal ein Flow-Erlebnis dabei haben könntest?

- Vielleicht verhilft Dir ein **neues Hobby** wie Musizieren, Malen oder Zeichnen dazu?

- Auch **sportliche Aktivitäten** - vor allem Ausdauersport wie Laufen, Radfahren oder Schwimmen - können einen Flow verursachen. Bei Läufern wird dies auch gern als "Runners High" bezeichnet.

- **Probiere** Deine Ideen **aus** und stelle Dir dabei ruhig herausfordernde Aufgaben. Aber Vorsicht: Wer sich permanent überfordert, gerät nicht in den Flow.

5 Ideen für häufigeren Flow im Alltag

- **Achte** häufiger bewusst auf Deine **Aufmerksamkeit**. Konzentriere Dich stets auf das, was Du gerade tust - auch bei kleineren und eher nebensächlichen Tätigkeiten.

- Stelle Dir deinen Handywecker oder aktiviere ein anderes akustisches Signal, das Dich von Zeit zu Zeit an Deine **Konzentration erinnert**.

- Wenn Dir eine Aufgabe **zu leicht** vorkommt, versuche, den **Schwierigkeitsgrad** zu **erhöhen**. Beispielsweise, indem Du sie schneller oder langsamer ausführst. Du kannst notfalls auch die Hand wechseln und Deine nicht-dominante Hand verwenden.

- **Nutze Warte-** und **Leerlaufzeiten** für kleine Aufgaben, die Du im Kopf lösen kannst. Das können Rechenaufgaben sein, aber auch das Ausdenken von Geschichten und Gedichten oder was auch immer Dir liegt.

- **Konzentriere Dich** in Gesprächen ganz auf Dein Gegenüber und eure Unterhaltung. Höre aktiv zu und stelle Fragen.

Außerdem kann es helfen, sich mit anderen über "Flow-Zustände" zu unterhalten. Wann erlebt Dein Partner / Deine Partnerin, wann erleben Deine Freunde einen Flow? Was tun sie dafür? Die Techniken Deiner Mitmenschen kannst Du auch für Dich selbst nutzen und ausprobieren, ob es bei Dir ebenfalls funktioniert.

3.8 Achtsamkeit

Achtsamkeit ist dem zuvor beschriebenen Flow recht ähnlich, wird doch bei beiden Prozessen ein Zustand der "*gerichteten Aufmerksamkeit*" (Jon Kabat-Zinn) angestrebt. Seit den 1990er Jahren ist Achtsamkeit ein wichtiges Thema der psychologischen Forschung, zudem konnten mittlerweile zahlreiche Übungen im klinischen und psychotherapeutischen Alltag etabliert und ihre Wirkung durch wissenschaftliche Studien nachgewiesen werden.

Allerdings ist das Konzept schon sehr viel älter, denn die Psychologie entlehnte viele der heute angewandten Techniken den mehr als 2500 Jahre alten Meditationstradtionen der fernöstlichen Kulturen, vornehmlich des Buddhismus. Im Gegensatz zu diesen fußen die modernen Achtsamkeitstrainings jedoch nicht mehr auf religiöse oder weltanschauliche Vorstellungen, sondern erhalten ihre Basis und Legitimation durch die psychologische Forschung.

Das Wichtigste aus diesem Kapitel in Kürze:

- Das Prinzip der **Achtsamkeit** stammt aus den Meditationstechniken der **fernöstlichen Religionen**.

- Achtsamkeit ist jedoch **nicht religiös** oder weltanschaulich gebunden.

- Achtsamkeit ist ein **Prozess gerichteter Aufmerksamkeit**.

- Er verhilft Dir zu einer **verbesserten Konzentration**.

- Dadurch wirst Du außerdem in die Lage versetzt, **positive Gefühle** leichter **wahrzunehmen**.

- **Achtsamkeit** lässt sich **trainieren**.

Was ist Achtsamkeit?

Wahrscheinlich kennst Du das: Du sitzt nach der Arbeit im Auto, wolltest eigentlich auf dem Heimweg noch beim Supermarkt vorbeifahren - und findest Dich stattdessen plötzlich auf der Einfahrt zu Deinem Haus wieder. Oder Du liegst gemütlich auf der Couch, liest ein Buch und plötzlich fällt Dir auf, dass Du schon seit mehreren Seiten gar nicht mehr weißt, was Du da eigentlich liest. Diese Verhaltensweisen sind vollkommen normal und kein Grund zur Besorgnis, denn wir befinden uns im Alltag häufig in einem automatischen Zustand. Man könnte diesen auch als "Autopiloten" bezeichnen. Im täglichen Leben hilft uns dieser Autopilot, unsere Aufgaben zu erledigen. Er hält die überbordenden Umweltreize von uns fern, die uns von allen Seiten erreichen und hilft uns so, angesichts von Überreizung nicht mehr handlungsfähig zu sein.

Allerdings hat der Autopilot auch einen gravierenden Nachteil: Oftmals schweift unsere Aufmerksamkeit einfach so ab und wir bekommen gerade dann, wenn es nötig ist, nicht ausreichend von unserer Umwelt mit. Das ist beispielsweise der Fall, wenn wir beim Waldspaziergang nicht "voll bei der Sache" sind, sondern mit unseren Gedanken bei der Arbeit oder gar schon dem Abendbrot. Das Rauschen des Windes in den Zweigen, die Geräusche und Gerüche des Waldes hingegen nehmen wir nicht bewusst wahr - und berauben uns so eines wertvollen Momentes der Erholung und des Friedens. Anstelle des Waldspaziergangs kannst Du viele andere solcher Momente einsetzen, denn der Effekt ist jeweils derselbe.

Richten wir nun in solchen Augenblicken verstärkt den Fokus darauf, was um uns herum passiert, "weiten wir unseren Blick" und unsere Aufmerksamkeit, wie der Psychologe so schön sagt, dann sind wir achtsam. Der Achtsamkeitsforscher Jon Kabat-Zinn, seines Zeichens emeritierter Professor an der University of Massachusetts Medical School in Worcester (USA), definiert Achtsamkeit daher folgendermaßen:

Achtsamkeit ist ein Prozess gerichteter Aufmerksamkeit, der

- **absichtsvoll**
- **im gegenwärtigen Moment**

- und nicht wertend

abläuft.

"Nicht wertend" bedeutet in diesem Zusammenhang, dass wir - was sonst im Alltag pausenlos und oft genug auch unbewusst abläuft - den Moment und das Ziel unserer Aufmerksamkeit lediglich wahrnehmen, aber nicht bewerten und auch nicht beeinflussen.
Ein Beispiel: Konzentrierst Du Dich während Deiner Achtsamkeitsübung auf Deinen Atem, so sollst Du diesen weder verändern noch Dir Gedanken ("Warum atme ich so hektisch?") darüber machen. Nehme stattdessen wahr, wie sich Deine Nasenflügel bewegen, sich Deine Brust hebt und senkt etc.

Welchen Nutzen hat ein regelmäßiges Achtsamkeitstraining?

Das Konzept der Achtsamkeit ist psychologisch und auch klinisch mittlerweile recht gut erforscht. Dabei konnte festgestellt werden, dass regelmäßige Übungen die Aufmerksamkeitsspanne verlängern und allgemein die Konzentration verbessern - und zwar auch außerhalb der Übungen. Körper und Geist erfahren Entspannung, der alltägliche Stress lässt nach und negative Folgen des Stresserlebens verringern sich. Wer achtsam ist bei dem, was er gerade tut, gerät leichter in den Flow-Zustand und geht ganz in seiner derzeitigen Tätigkeit auf.

Aus diesen Gründen finden Achtsamkeitsübungen und -programme vielfach Anwendung in der Psychotherapie wie beispielsweise das von Kabat-Zinn entwickelte Gruppentraining zur Achtsamkeitsbasierten Stressreduktion. Aber auch bei der Behandlung von Depressionen und psychischen Störungen wie etwa Borderline werden ähnliche Trainings eingesetzt.

Übungen

Achtsamkeit lässt sich mittlerweile mit vielen Übungen im Alltag integrieren, wobei Du hier Anleitungen für die beiden bekanntesten Übungen findest. Du brauchst nicht viel Zeit zu investieren - täglich ein oder zwei Mal fünf bis zehn Minuten sind vollkommen ausreichend. Studien haben gezeigt, dass es nicht auf die Dauer, sondern auf die Häufigkeit dieser Übungen ankommt. Die positiven Effekte treten umso stärker auf, je öfter Du trainierst. Wichtig ist dabei, dass Du während der Durchführung keine Störungen durch andere Menschen oder durch Haustiere bzw. Ablenkungen durch verschiedene Medien erfährst. Außerdem ist eine aufrechte Körperhaltung mit einer geraden Wirbelsäule sowie einem hoch getragenen Kopf relevant, wobei Du entweder sitzen oder auch stehen kannst. Das Schließen der Augen ist nicht unbedingt notwendig, hilft aber bei der Konzentration.

Anleitung zur Achtsamkeit

- Nimm eine **aufrechte** und **entspannte Körperhaltung** ein.

- Stelle Dir einen Wecker oder den Timer Deines Smartphones auf die **gewünschte Übungsdauer**.

- **Atme** nun **bewusst** ein und aus und entspanne Dich.

- Nimm die **Umgebungsgeräusche** wahr, verbanne sie aber in den Hintergrund Deiner Aufmerksamkeit.

- Lasse aufkommende **Gedanken** einfach **vorbeiziehen** wie Blätter auf einem Fluss, konzentriere Dich nicht weiter darauf.

- **Nimm** Deinen **Atem** ganz bewusst **wahr**, verändere aber seinen Rhythmus nicht.

- **Zähle** Deine **Atemzüge** - von eins bis zehn und wieder von vorn.

- Sollten Deine **Gedanken abschweifen** (was vollkommen normal ist), **richte** Deine **Aufmerksamkeit** immer wieder aufs **Atmen**.

- Im Moment gibt es nichts anderes auf der Welt als Deinen **Atem**.

- **Genieße** das aufkommende Gefühl von Ruhe und Aufmerksamkeit.

- **Beende** die Übung und **orientiere** Dich wieder im Raum.

"Meditation der liebenden Güte" (nach Barbara Fredrickson)

Diese Übung stammt ursprünglich aus der buddhistischen Tradition, wo Prinzipien wie Mitgefühl und Güte grundlegend sind. Die Psychologin Barbara Fredrickson bereitete die Übung nach den Grundlagen der Positiven Psychologie auf, sodass Du anschließend von einem Gefühl der Wärme und Liebe durchströmt bist.

- **Beginne** wie in der oben beschriebenen Anleitung.

- Führe einen **Body-Scan** durch, bei dem Du Deine Aufmerksamkeit nach und nach auf jedes einzelne Körperteil richtest.

- **Denke** nun an einen **besonders lieben Menschen**, bei dem Du ein ganz zärtliches und warmes Gefühl empfindest.

- **Bade** in diesem Gefühl und intensiviere es.

- **Richte** dieses freundliche und liebevolle Gefühl auf weitere Menschen.

- **Erweitere** Schritt für Schritt den Kreis der bedachten Personen, sodass dieses Gefühl am Ende praktisch die ganze Welt umschließt.

- Mache Dir bewusst, dass Du jederzeit auf dieses Gefühl **zurückgreifen** kannst.

- **Beende** die Übung.

3.9 Wohlbefinden und Glück

> "Die Glückseligkeit stellt sich dar als ein Vollendetes und sich selbst Genügendes, da sie das Endziel allen Handelns ist."

Aristoteles: Nikomachische Ethik.
Übersetzt von Eugen Rolfes (1911), 1097b

Einfacher ausgedrückt könnte man auch sagen, dass für die meisten Menschen das Ziel des Lebens darin besteht, glücklich zu sein. Glück wiederum ist ein Gefühl, welches ganz individuell auf unterschiedlichen Grundlagen fußt. Während der eine nicht mehr als einen Koffer mit den nötigsten Besitztümern braucht und sein Glück darin sieht, ausgiebig die Welt zu bereisen, fühlt sich der nächste mit einem Haus, einem Garten sowie Familie und Hund am zufriedensten. Einerseits gilt: Was uns glücklich macht, hängt ganz von uns selbst ab sowie davon, was wir vom Leben erwarten, andererseits müssen für ein glückliches Leben jedoch diese **drei Voraussetzungen** gegeben sein:

Autonomie	habe die Freiheiten, unter all den Möglichkeiten genau das auszuwählen, wass zu mir passt.
Verbundenheit	spüre eine (tiefe) Verbundenheit mit einem oder mehreren anderen Menschen.
Kompetenz	Ich weiß, dass ich in dem, was ich tue, gut bin.

Psychologisch gesehen ist vor allem die Verbundenheit zu anderen Menschen für das persönliche Glück entscheidend: Gute, verlässliche Freunde und allgemein eine gute und tiefe Beziehung zu einer anderen Person tragen maßgeblich zu einem größeren Glücksgefühl bei. In den letzten Jahren gab es sehr viel Forschung auf diesem Gebiet, denn "Glück" ist nicht ohne Grund eines der wichtigsten Themengebiete in der Positiven Psychologie.

Einer der ersten Psychologen, die sich intensiv mit der Frage nach dem menschlichen Glück und dem, was Wohlbefinden ausmacht, beschäftigt hat, war Ed Diener. Der

Amerikaner definierte bereits in den 1980er Jahren subjektives Wohlbefinden als "*[...]die Verbindung von positiven im Verhältnis zu negativen Gefühlen und persönlicher Lebenszufriedenheit*". Empfindest Du mehr positive als negative Gefühle, dann bist Du schon mal auf einem guten Weg in Richtung Wohlbefinden und Glück. Hinzu kommt noch der Grad Deiner Zufriedenheit mit Deinen persönlichen Lebensbedingungen, um (psychologisch gesehen) glücklich und zufrieden zu sein.

Die amerikanische Psychologieprofessorin Sonja Lyubomirsky veröffentliche 2008 das Buch "*The How of Happiness: A Scientific Approach to Getting the Life You Want*"[13] (2013 unter dem Titel "*Glücklich sein: Warum Sie es in der Hand haben, zufrieden zu leben*" im Campus Verlag erschienen), indem sie von der Machbarkeit des Glücks schreibt. Teilweise haben wir unser Glück nämlich selbst in der Hand, allerdings bedeutet ein glückliches Leben viel Arbeit. Es fällt niemandem in den Schoß. Etwa 50 Prozent unseres Wohlbefindens sind wiederum angeboren, so auch die Frage, ob Du einen eher optimistischen oder einen eher pessimistischen Charakter hast. Auch hast

---

[13] Lyubomirsky, Sonja (2008): The How of Happiness – A Scientific Approach to Getting the Life You Want

Du natürlich keinen Einfluss darauf, in welche Lebensumstände Du hineingeboren wirst.

Doch wie auch immer Du ins Leben geworfen wurdest, Du hast immer die Chance, Dich selbst daraus herauszuarbeiten und ein glückliches Leben nach Deinen Vorstellungen zu führen. Das ist keinesfalls einfach, sondern verlangt ein hohes Maß an Anstrengungsbereitschaft - und die Zuversicht, dass Du es schaffst und Deinen Weg findest.

Das Wichtigste aus diesem Kapitel in Kürze:

- Für das **Lebensglück** sind diese drei Dinge entscheidend: **Autonomie**, **Verbundenheit** und **Kompetenz**.
- Habe **tiefe** und **vertrauensvolle Beziehungen**. Gute Freunde sind grundlegend für ein glückliches Leben!
- **Erlebe Dich** selbst als **kompetent**.
- Vertrete Deine **persönlichen Werte** und entscheide selbst auf Basis dieser.
- **Sei nett** zu anderen.

Die Glücksformel

Zu einem großen Teil besteht Glück in dem, was Du tust - und weniger in dem, was Du hast. Gemäß der sogenannten "Glücksformel" setzt sich das Lebensglück aus verschiedenen Bestandteilen zusammen:

- **Grundstimmung**
- **Lebensumstände**
- **freiwillige**, selbst gewählte **Aktivitäten**

Dabei sind die Lebensumstände zum Teil von Geburt an vorgegeben und grundsätzlich (Ausnahmen bestätigen die Regel) nicht veränderbar. Dazu gehören etwa Merkmale wie das Geschlecht, das Alter oder die Hautfarbe. Andere hingegen lassen sich - manchmal freiwillig, manchmal unfreiwillig - durchaus verändern und tun dies auch ein Leben lang immer wieder. Darunter fallen etwa der Wohnort oder Beziehungen.

In puncto freiwillige Aktivitäten jedoch hast Du die freie Hand und kannst unter all den Angeboten genau dasjenige wählen, dass Dir am meisten liegt. Setze Deine Fähigkeiten und Stärken ein, so gewinnst Du ein höheres

Maß an Zufriedenheit und damit Glück, weshalb Du diesem Punkt ein höheres Maß an Aufmerksamkeit widmen solltest. Deshalb bekommst Du an dieser Stelle eine **Aufgabe**: Mache eine Liste von den Dingen, die Du gut und gerne machst und bei denen Du Deine persönlichen Stärken einsetzen kannst. Erledige nun jeden Tag einige von diesen Dingen von Deiner Liste und erlebe, wie Deine persönliche Zufriedenheit wächst.

In ihrem Buch "*Glücklich sein*" schlägt die Autorin Sonja Lyubomirsky genau diese Vorgehensweise vor. Sie schreibt, dass Du jeden Tag mindestens vier Dinge tun solltest, die Dich nachweislich glücklich machen. Das können ganz verschiedene Dinge sein, die vor allem von Deinen persönlichen Interessen und Stärken abhängen. Doch ob Du nun spazieren gehst oder joggst, betest, meditierst, zu anderen freundlich bist oder hilfsbereit: Wichtig ist, dass das Vorhaben zu Dir passt. Die psychologische Forschung zeigt, dass glückliche Menschen zugleich gesünder, sozialer, tatkräftiger, produktiver und auch kreativer sind.

Sorge also dafür, dass Deine Lebensumstände so günstig wie möglich sind und investiere viel Mühe in die Pflege positiver Beziehungen zu anderen Menschen. Dabei sollst Du nicht mit jedermann befreundet sein, sondern Dich mit Menschen umgeben, mit denen Du Dich auf eine gute und für Dich angenehme Weise verbunden fühlst. Toxische Beziehungen wiederum gehören nicht dazu - ganz im Gegenteil.

Viel Geld zu haben führt nur solange zu mehr Lebensglück, solange Du damit deine eigenen Bedürfnisse erfüllen kannst. Zu wenig Geld kann unglücklich machen - tatsächlich ist der Glücksindex in armen Ländern niedriger als in reichen - zu viel aber auch. Die Forschung zeigt, dass Menschen mit einem sehr hohen Einkommen nicht oder nur geringfügig glücklicher sind als etwa ein Geringverdiener. Das zeigt, dass nicht die äußeren Faktoren allein über Glück und Unglück in unserem Leben entscheiden, sondern es viel mehr auf immaterielle Dinge wie Liebe und Freundschaft, Hoffnung etc. ankommt.

Glück und Optimismus

Auch eine gewisse optimistische Grundhaltung macht das Leben einfacher und glücklicher, denn beides hängt eng beisammen. Zudem bilden Glück und Optimismus eine nach oben strebende Spirale, denn optimistische Menschen fühlen sich glücklicher sowie umgekehrt sind glückliche Menschen optimistischer.

2005 schrieb Martin Seligman zusammen mit anderen Autoren in einem Aufsatz,[14] dass besonders glückliche Menschen in ihrem Leben alle eine Gemeinsamkeit aufweisen. Und zwar führen sie alle ein Leben, indem diese **drei Komponenten** jeweils eine große Rolle spielen:

- **positive Gefühle** und die Fähigkeit zum Genießen
- eine **Beschäftigung** bzw. ein Engagement
- ein **Lebenssinn**

Diese Bestandteile sind vor allem auch deshalb wichtig, weil sich ein glückliches Leben durch seine Ausgewogenheit auszeichnet. Wer immer nur faul auf der Couch liegt,

---

[14] vgl. Seligman, Martin E. P. (2005): Positive Psychology, Positive Prevention and Positive Therapy. In: Snyder, C. R. & Lopez, S. J. (Hrsg.): Handbook of Positive Psychology, New York, Oxford University Press

empfindet nur schwerlich Glück, denn dazu gehört eine als sinnvoll empfundene Tätigkeit, bei denen Du Deine Stärken einsetzt und in einen Zustand des Flow gerätst. Einen Sinn im Leben erkennst Du wiederum, wenn Du Teil von etwas Größerem bist. Das muss nicht unbedingt ein Gott sein, denn auch Deine Kinder und Familie, die Natur oder eine politische Tätigkeit können einen Lebenssinn stiften.

Übrigens bedeutet Glück vor allem, dass Du Deine Stärken entdeckst, benutzt und entwickelst - und zwar in allen Bereichen des Lebens. Versuche dagegen nicht, Dinge, in denen Du nicht gut bist, stetig zu verbessern und dafür Deine Stärken zu vernachlässigen: Dadurch entwickelst Du nur ein Gefühl der stetigen Unzulänglichkeit, was dem Lebensglück natürlicherweise zuwiderläuft.

Übungen

Die folgenden **fünf Interventionsübungen** stammen von Martin Seligman. Er hat auch herausgefunden, dass vor allem die Übungen zwei bis vier zu einer Verringerung depressiver Symptome sowie zu einer längerfristigen Verbesserung der Grundhaltung führen.

a) Schreibe jemandem einen Brief, in dem Du Deine Dankbarkeit dieser Person gegenüber ausdrückst. Spreche anschließend mit dem Adressaten darüber.

b) Schreibe eine Woche lang jeden Abend mindestens drei Dinge auf, die an diesem Tag gut geklappt haben. Finde Gründe dafür und berücksichtige dabei vor allem Deinen eigenen Anteil.

c) Schreibe eine (ausgedachte) Geschichte darüber, wie Du Deine Fähigkeiten und Stärken in einer bestimmten Situation einsetzt und dabei zur Hochform aufläufst. Lese diese Geschichte eine Woche lang jeden Tag.

d) Finde heraus, welches Deine Stärken sind und setze eine Woche lang jeden Tag eine andere dieser Stärken auf eine ganz neue Art und Weise ein.

e) Führe das vierte Experiment eine weitere Woche lang durch.

In der folgenden Übung findest Du insgesamt **50 gute Wege**, die ins Glück führen. Du kannst diese Übung allein durchführen, mehr Spaß macht es natürlich, diese 50 Wege mit Deinem Partner, einem Freund oder einer Freundin oder auch Deinen Kollegen zu besprechen. Vergiss dabei nicht, auch nach den 50 positiven Dingen im Leben Deines Gegenübers zu fragen:

- Nenne zehn Deiner **positiven Eigenschaften**.
- Nenne zehn **Erfolge**, die Du schon im Leben hattest.
- Nenne zehn verschiedene **Arten**, wie Du **nett** zu jemandem **bist**.
- Nenne zehn **Glückstreffer**, die Du in Deinem Leben schon **erlebt** hast.
- Nenne zehn **Arten**, wie Dich jemand anderes schon **unterstützt** hat.

3.10 Welche Ziele im Leben wichtig sind

Lebensziele sind wichtige Bausteine des eigenen Wohlbefindens, weshalb Menschen viel Zeit und Energie darin stecken, über ihre Ziele nachzudenken und sie zu erreichen. Wer ein Ziel im Leben hat, gibt seinem Leben Struktur sowie eine Richtung. Das wiederum wirkt sich auf das persönliche Denken und die Gefühle aus. Dabei müssen diese Ziele nicht "groß" und auch nicht hoch bedeutsam sein, denn vielfach setzen wir uns deutlich "kleinere" Ziele für den Alltag. Diese mögen häufig banal erscheinen, weisen jedoch die angestrebte Richtung und liefern Hinweise darauf, was Du Dir vom Leben wünschst.

Wichtige und langfristige Lebensziele gibt es viele, allerdings machen nicht alle wirklich glücklich. Wie die psychologische Forschung zeigte, sorgen bestimmte Ziele für ein höheres Wohlbefinden.[15]

---

[15] vgl. Emmons, Robert (2003): Personal goals, life meaning and virtue – Wellsprings of a positive life. In: Keyes, L. M & Haidt, J. (Hrsg.): Flourishing - Positive Psychology and the life well-lived, Washington DC: American Psychological Association, S. 105-128

Das Wichtigste aus diesem Kapitel in Kürze:

- Jeder Mensch braucht **Ziele** im Leben.
- Dabei handelt es sich um **kurzfristige, alltägliche Ziele** und **langfristige**, die sich durch das ganze Leben ziehen
- Glücklich machen dabei vor allem die **Ziele**, die einen **Sinn** im Leben **schaffen**.
- Du solltest diese Ziele und wie Du sie erreichst, **selbst** in der **Hand haben**.
- **Oberflächliche**, auf Dich selbst bezogene Lebensziele wie Reichtum, soziale Anerkennung, Schönheit etc. machen allein auf Dauer **nicht glücklich**.

Diese Ziele machen glücklich

Vielleicht überrascht Dich diese Aussage, doch vor allem machen langfristig gesehen genau die Lebensziele glücklich, bei denen Du Deine eigenen Stärken einsetzen kannst und persönlich Leistung erbringst. Wenn Du außerdem Wert auf stabile und vertrauensvolle zwischenmenschliche Beziehungen setzt und einen Beitrag für das "große Ganze" leistest, bist Du glücklicher und zufriedener im Leben.

Kompetenz - das Gefühl und das Wissen, in etwas gut zu sein - ist ein psychisches Grundbedürfnis des Menschen und genau wie Selbstwirksamkeit - etwas selbst tun zu können - ein wichtiger Teil der persönlichen Entwicklung. Es handelt sich also um Ziele, die die Arbeit und die eigene Leistung betreffen, bei denen Du

- Deine **Kompetenz ausbauen**
- etwas aus **eigener Kraft** erreichst
- **Leistung** zeigst
- und **Erfolge** erlebst.

Schon kleinen Kindern sind solche Ziele wichtig, was sich in Äußerungen wie "Ich will das alleine machen!" zeigt. Die Kleinen probieren sich selbst und ihre Selbstwirksamkeit aus und lernen dabei ihre persönlichen Stärken kennen. Wer diese kennt und häufig einsetzt, erlebt eine höhere Leistungsfähigkeit und ist im Leben zufriedener.

Allerdings kommt es nicht nur auf Arbeit und Leistung an, denn glücklich machen vor allem auch die sogenannten generativen Ziele, bei denen Du einen eigenen Beitrag zu einem größeren Ganzen leistest. Hierbei geht es in erster Linie darum, etwas weiterzugeben. Generative Ziele reichen weit über das eigene Ich hinaus und sind eine sehr langfristige Angelegenheit: Sie werden oft zum Lebensende hin besonders relevant, wenn Menschen sich nach dem Sinn ihres Lebens fragen und danach, was von ihnen in der Welt bleibt.

Diese beiden Zielformen stehen nicht allein für sich, sondern ergänzen sich im Idealfall.

Diese Ziele machen weniger glücklich

Genauso wie es Ziele gibt, die Dich langfristig gesehen glücklich machen, gibt es Lebensziele, die Dich auf Dauer nicht zufrieden sein lassen - selbst wenn Du sie erreichst. Stattdessen können diese Ziele psychische Störungen und Krankheiten wie etwa Depressionen, Narzissmus und Angst verursachen bzw. verstärken.

Keine Frage: Wenn Du Dich tagtäglich darum sorgen musst, woher Du das Geld für die Miete und das Essen bekommst, dann trägt diese Existenzkampf nicht unbedingt zu einem gesteigerten Wohlbefinden und einer höheren Lebenszufriedenheit bei - ganz im Gegenteil. Die finanziellen Grundbedürfnisse müssen also auf jeden Fall gedeckt sein. Allerdings macht auch "Geld allein nicht glücklich", wie schon die alte Volksweisheit anmerkt. In der Psychologie besteht mittlerweile ein Konsens darüber, dass ein immer höherer **Wohlstand** nicht zu einem höheren Lebensglück führt. Stattdessen kann das Gegenteil eintreten, wenn Du Dich nicht zugleich um stabile Beziehungen und generative Lebensziele bemühst.

In Zeiten der sozialen Medien wie Facebook, Instagram und Co. scheinen zahlreiche Menschen ihr Glück in der Häufigkeit der "Likes" zu suchen. Allerdings ist diese Form **der sozialen Anerkennung** tückisch, da Du persönlich keinerlei Einfluss darauf hast - und Selbstwirksamkeit für Dein Zufriedenheitsgefühl im Leben sehr wichtig ist - und außerdem sehr viel Energie aufwenden musst, um andere Menschen zu einer positiven Bewertung Deiner selbst zu bewegen. Das solches Vorhaben leicht scheitert (etwa, weil die Likes ausbleiben oder Du weniger erhältst), liegt auf der Hand. Echte, auf Vertrauen und Gegenseitigkeit beruhende Beziehungen sind hingegen für das Lebensglück erheblich wichtiger.

Allgemein sind Ziele, welche die **Unabhängigkeit von anderen Menschen** befördern, für das seelische Wohl wenig förderlich. Dazu zählen auch Pläne, die die Erlangung von Macht und Einfluss sowie Unabhängigkeit anstreben. Niemand kommt gänzlich ohne andere Menschen aus, ebenso wie niemand wirklich glücklich wird, der sich über andere erhebt. Anders sieht es hingegen mit der Unabhängigkeit im Sinne von Autonomie aus: Menschen müssen das Gefühl haben, eigenständig sowie im Einklang mit ihren Werten entscheiden zu können. Diese Form der Unabhängigkeit bestärkt die Selbstwirksamkeit sowie das Selbstwertgefühl und ist daher als psychisch sehr gesund anzusehen.

In vielen Ländern dieser Welt boomen Schönheitsoperationen, die Zahl der Korrekturen und Beseitigungen vermeintlicher Makel nimmt jährlich zu. Der Grund hierfür steckt in der Relevanz, die **äußerliche Attraktivität** in unserer Gesellschaft besitzt. Allerdings ist "Schönheit" ein fatales Ziel, da sich das körperliche Erscheinungsbild im Laufe des Lebens immer wieder ändert - und wer hier stets den Idealen der Jugend hinterherläuft, wird zwangsläufig unzufrieden sowie tendenziell eher unglücklich werden.

Übung

Diese Übung basiert auf den Erkenntnissen der amerikanischen Psychologieprofessorin Laura King, die diese 2001 entwarf und die Dir zu einem positiven Selbstbild verhelfen soll sowie dazu, die eigenen Lebensziele besser zu erkennen und zu erreichen.

Die Übung wird an vier möglichst aufeinander folgenden Tagen durchgeführt. Du brauchst Papier und Stift zum Schreiben sowie jeweils etwa 20 Minuten Zeit, in der Dich niemand stört oder unterbricht.

- **Wähle** am ersten Tag einen der folgenden **Lebensbereiche**: Beruf, privat, Beziehung, Gesundheit, Umgang mit Dir selbst.

- **Setze** einen **Zeitrahmen** fest: in 5, 10 oder 20 Jahren

- Stelle Dir nun vor, dass in diesem Zeitrahmen für Dich alles **bestmöglich verlaufen** ist: Du konntest Deine Chancen nutzen, hast Deine

Stärken angewendet und Deine Lebensziele aktiv verfolgt.

- **Nimm** Dir **Zeit**, um an diesem vorgestellten Punkt gefühlsmäßig anzukommen: Wie fühlt sich dieser Zustand an? Was siehst Du vor Deinem inneren Auge?

- **Nimm** nun einen **Stift** und schreibe in diesem Zustand auf, was Du fühlst, was Du tust und was Dir wichtig ist. Überlege dabei nicht lange, sondern schreibe "aus dem Bauch heraus" ganz spontan.

- **Schreibe** dabei in der **Ich-Form**: "Ich bin..., mache..., kann...".

- Schreibe **kontinuierlich** etwa **15 bis 20 Minuten** lang, auch wenn Du meinst, dass Dir gerade nichts mehr einfällt.

- **Lege** den **Text** nach dieser Zeit **beiseite** und lese ihn erst mit einigen Tagen Abstand. Bis dahin hat er Zeit zum "**Wirken**".

- **Wiederhole** die Übung an drei weiteren Tagen mit den anderen Lebensbereichen.

4. Anwendungsgebiete

Die Positive Psychologie sieht jegliche menschliche Entwicklung als Streben nach einem sinnvollen, glücklichen und guten Leben an. Dieses Streben erfolgt in verschiedenen sozialen Kontexten und umfasst nicht nur psychotherapeutische Arbeit, sondern auch ganz konkrete Anwendungsgebiete innerhalb der Familie, im Arbeitsleben, beim Älterwerden sowie im Umgang mit Konflikten. Dabei betreffen die Erkenntnisse des Fachgebiets sowohl individuelle als auch gesellschaftliche Phänomene, die sich auf wissenschaftlicher Basis gut lösen lassen.

4.1 Kinder und Familie

In der Einleitung wurde bereits das Nikki-Prinzip beschrieben, nach dem Martin Seligman erkannte, dass er sich bei der Erziehung seiner gleichnamigen Tochter weniger auf ihre (vermeintlichen) Schwächen konzentrieren dürfe, sondern vielmehr ihre Stärken benennen, stimulieren und entfalten sollte. Gemäß den Grundsätzen der Positiven

Psychologie sollten die Stärken eines Kindes und auch dessen Familie im Mittelpunkt stehen. Dies ist wichtig, damit das Kind auch seelisch wächst und eine positive, optimistische Grundhaltung entwickelt.

Auch im Bereich der Kinderpsychologie zeigt sich eine Veränderung des Fokusses: Anstatt den wissenschaftlichen Schwerpunkt allein auf pathologische Aspekte - beispielsweise schwere Verhaltensstörungen - zu legen, wächst derzeit das Interesse an der normalen kindlichen Entwicklung sowie an der Frage, wie sich spätere seelische Störungen präventiv vermeiden lassen. Die Ergebnisse dieser Studien zeigen sich mittlerweile in konkreten Empfehlungen zur Erziehung von Kindern, auch gibt es einige erprobte pädagogische Programme. Diese fußen zwar nicht immer explizit auf den Prinzipien der Positiven Psychologie, weisen uns jedoch den richtigen Weg.

Ein Beispiel hierfür ist das sogenannte **Penn Prevention Program** aus den USA, in dem Kinder mit einem erhöhten Risiko für Depressionen soziale Fertigkeiten übten und zudem lernten, negative (pessimistische) Erwartungshaltungen abzubauen. Kurz gesagt: Mit Hilfe dieses Programms lernen Kinder vor der Pubertät, wie Optimismus funktioniert. Wie Studien zeigen, funktioniert dieses Programm tatsächlich, denn ein großer Teil der Teilnehmer war selbst langfristig gesehen weniger depressiv als Kinder aus einer Kontrollgruppe.

Das Wichtigste aus diesem Kapitel in Kürze:

- Sei **nett** zu **Deinen Kindern**.
- **Kritisiere nicht** ständig an Deinen Kindern herum, sondern bestärke sie in ihren Fähigkeiten.
- Gebe Deinen Kindern die Möglichkeit, etwas **selbst tun** zu können.
- **Bestärke** Deine Kinder in ihrer Selbstwirksamkeit.
- **Werte** Deine Kinder **nicht** in ihrer Person **ab**, sondern motiviere sie auf eine positive Weise.
- **Kontrolliere** und bevormunde Deine Kinder **nicht**, sondern bestärke sie durch altersgemäße Aufgaben und Freiheiten.
- Sei ein **gutes Vorbild**.

Optimismus und Hoffnung

Ob Kinder und auch Erwachsene eine eher optimistische oder eher pessimistische Sichtweise haben, hängt wesentlich von ihren Erwartungen an sich selbst, an die Welt sowie an die Zukunft ab. Was das für Auswirkungen haben kann, zeigen die Beispiele in der folgenden Tabelle.

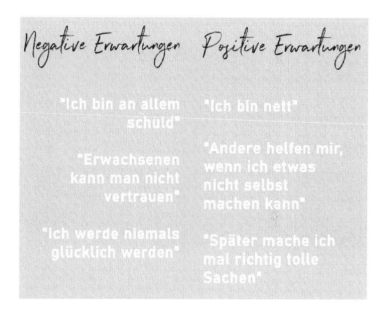

Angesichts dieser unterschiedlichen Sichten auf sich selbst, die Welt sowie auf die Zukunft erscheint es geradezu logisch, dass optimistisch gestimmte Kinder mit ihrer positiven Grundhaltung viel erfolgreicher sind im Leben, zudem über eine bessere geistige und körperliche Gesundheit verfügen und sehr oft auch über eine erheblich längere Lebensspanne. Bei optimistisch gestimmten Kindern und Jugendlichen führt dies so weit, dass diese seltener zu Alkohol und Drogen greifen, häufiger die Stärke besitzen, sich auch in der Peer Group gegen diese Suchtmittel sowie gegen andere ungesetzliche Dinge auszusprechen und allgemein glücklicher sind.

Pessimistisch gestimmte Kinder und Jugendliche hingegen neigen zum Alkohol- und Drogenmissbrauch, geben bei Schwierigkeiten schneller auf, sind oft depressiv, seltener erfolgreich in Schule und Arbeit und weisen eine schlechtere Gesundheit auf. Man könnte meinen, es würde jeweils genau das eintreffen, was die jungen Menschen von sich, ihrer Umwelt und ihrem Leben erwarten würden.

Kein Wunder also, dass Kinder so früh wie möglich Optimismus lernen sollten. Seligman nennt hier **vier wesentliche Faktoren**, die einen großen Einfluss auf die Optimismusentwicklung der Kinder haben:

- biologische Prädisposition / Gene
- Umwelt des Kindes (vor allem die Erwartungshaltung der Eltern ist prägend)
- Erziehungsstil (Häufigkeit und Art von Kritik, Autonomie des Kindes, Kontrolle)
- eigene Erlebnisse

Diese vier Faktoren zeigen, wie wichtig die Haltung und Erziehung der Eltern für den Optimismus des Kindes sind. Kinder imitieren Vater und Mutter häufig, weshalb pessimistisch bzw. optimistisch gestimmte Eltern zumeist ebensolche Kinder haben. Viel wichtiger ist allerdings noch der Einfluss der Erziehung: Die psychologische Forschung hat gezeigt, dass stark behütete Kinder (heutzutage spricht man gern von "helikoptern") selten eine optimistische Grundhaltung ausbilden. Das können diese Kinder auch gar nicht, denn für eine positive Sicht auf die Welt braucht es die Erfahrung von Selbstwirksamkeit. Kinder müssen wissen, was sie alles selbst machen können und an diesen Erlebnissen wachsen. Unterbleiben diese Erfahrungen, weil die Eltern kontrollieren - womöglich aus Angst - dann bleiben die Kinder abhängig und entwickeln kein Gefühl davon, was sie selbst zu leisten imstande sind.

Ständig kritisierte Kinder entwickeln ebenfalls eine eher pessimistische Grundhaltung, weil sie häufig ein Scheitern erleben. Ganz besonders gefährlich wird es, wenn Eltern, Erzieher und Lehrer Kindern Sätze wie "Das kannst du noch nicht", "Dafür bist du noch zu klein" oder, ganz besonders dramatisch, "Lass das, das wird du sowieso nie lernen" oder "Bist du dumm, warum machst du das?" entgegen schleudern. Bei solchen Aussagen ist eine pessimistische Sichtweise geradezu vorprogrammiert.

Wenn Du also Dein Kind zu einem optimistischen Menschen erziehen möchtest, solltest Du

- ihm weitestgehende, dem Alter angemessene **Freiheiten erlauben**
  Beispiele: Kindergartenkinder können schon mit Messern schneiden, wenn man sie lässt. Schulkinder alleine zur und von der Schule gehen lassen.

- auf **persönliche** und **herablassende Kritik verzichten** ("Dein Bild ist hässlich. Du kannst sowieso nicht gut malen")

- stattdessen auf **konstruktive Kritik** setzen ("Ich sehe, du hast dir beim Malen sehr viel Mühe gegeben. Das finde ich schön. Schau mal, wenn du hier noch so und so malst, sieht das Bild gleich noch viel besser aus")

- selbst **auf pessimistisches Gerede verzichten** ("Das schaffe ich sowieso nicht. Das konnte ich ja noch nie")

- und eher auf eine **optimistische Grundhaltung** achten ("Das schaffe ich zwar jetzt nicht, aber ich kann es lernen und später erledigen")

Das bedeutet jetzt aber nicht, dass Du Dein Kind nur noch über den grünen Klee loben solltest. Vermeide es stattdessen, von einem Extrem ins nächste zu fallen. Kinder müssen schließlich auch eine realistische Wahrnehmung von sich selbst entwickeln, da sie sonst die Herausforderungen des Lebens nicht zu meistern imstande sind. Aus diesem Grund ist sachlich, konstruktive Kritik so wichtig: Diese erkennt die Leistung des Kindes an, ohne es jedoch als Person herabzuwürdigen.

Erziehung und Ausbildung

Hausarrest, Fernsehverbot, gar Liebesentzug oder sogar Schläge: Kinder wurden lange Zeit der Menschheitsgeschichte vor allem durch Strafen erzogen. Nun, die Zeit der sogenannten "schwarzen Pädagogik" (wenn Du mehr darüber erfahren möchtest, google einmal nach "Johanna Haarer". Ihre Bücher zeigen, wie Kinder ganz bestimmt nicht erzogen werden sollten. Leider sind viele Generationen von Menschen aufgrund solcher Erziehungsstile seelisch zerbrochen) ist vorbei und körperliche Strafen sind seit einer längst überfällig gewesenen Gesetzesreform seit dem Jahre 2000 ohnehin verboten. Doch auch heute noch setzen viele Eltern eher auf Strafe als auf Lob.

Dafür gibt es verschiedene Gründe. Einerseits herrscht die Vorstellung vor, dass Kinder lernen und auch schon früh Leistung erbringen müssen. Bereits für die Krippe - also für die Altersgruppe der bis zu dreijährigen Kleinkinder - gibt es in einigen Bundesländern Bildungspläne, in denen das zu erwerbende Wissen festgeschrieben ist. Vor allem jedoch in den Schulen wird eher auf das geschaut, was Kinder (noch) nicht können anstatt auf das, was sie beherrschen. Die Schwächen rücken also schon in den frühesten Lebensjahren in den Vordergrund, während die individuellen Stärken des Kindes ins Hintertreffen geraten.

Nun hat die psychologische Forschung jedoch gezeigt, dass eine positive und optimistische Grundhaltung für den späteren Lebenserfolg immens wichtig ist. Diese jedoch erwirbt ein Kind nicht, wenn es ständig kritisiert wird. Durch ein System von Verboten und Strafen kommt es zudem zu seelischen Verletzungen, die Kinder ein ganzes Leben lang verfolgen können.

Besser wäre es hingegen, statt auf Strafe auf **positive Verstärkung** zu setzen. Dabei handelt es sich keineswegs um ständiges Loben (denn das kann auch demotivierend wirken) oder eine antiautoritäre Haltung, bei der das Kind tun und lassen kann was es will. Ein positiver Erziehungsstil hat keineswegs etwas mit eine Laissez-Faire-Haltung zu tun, ganz im Gegenteil. Das Setzen von klaren und konsequenten **Grenzen** ist eine wichtige Aufgabe in der Erziehung, denn ohne diese verlieren Kinder ihren Halt. Entscheidend dabei ist lediglich, wie Du Deinem Kind diese Grenzen aufzeigst. Schließlich soll Dein Kind nicht aus Angst vor einer Strafe gehorchen, sondern stattdessen den Sinn hinter einer Regel verstehen. Außerdem wird es Dir folgen, weil es Dir durch sein richtiges Verhalten gefallen will. Grundsätzlich sind alle Kinder in einem hohen Maß kooperativ, allerdings nur, solange die gesetzten Grenzen sinnvoll und kindgerecht sind.

Kinder, die sich permanent entgegen ihrer Natur verhalten sollen, können per se gar nicht kooperativ sein und werden daher trotz aller Erziehungsversuche stetig über die Stränge schlagen. Achte also darauf, dass Dein Kind ausreichend Gelegenheit erhält, sich zu bewegen und auszutoben, zudem sollten die einzuhaltenden Regeln stets seinem Alter angepasst werden. Kinder, die ein größtmögliches Maß - natürlich gemäß ihrem Alter und ihrer Fähigkeiten - an Freiheit ausleben dürfen, sind in der Regel folgsamer und "artiger" als andere.

Wichtig ist außerdem, dass Du weniger auf die Fehler Deines Kindes schaust, sondern vielmehr auf das, was es schon kann und was es richtig macht. Beobachte Dein Kind und fördere es, indem Du es auf gute Ansätze und richtiges Handeln aufmerksam machst und es dafür lobst. Rücke das Positive in den Vordergrund und kritisiere stets nur sachlich und konstruktiv. Auf diese Weise schaffst Du ein positives Familienklima sowie eine Atmosphäre voller Liebe.

Du musst nicht überschwänglich und übertrieben loben, es reichen einfache Gesten wie etwa ein liebevolles Lächeln, ein paar lobende Worte oder ein anerkennendes Schulterklopfen. Zeige Deinem Kind, dass Du seine Leistung registriert hast und sie anerkennst, dann lernt es ganz von allein, was nun richtig ist und was nicht. So behandelte Kinder fühlen sich geliebt und beachtet, zudem entwickeln sie ein gesundes Selbstbewusstsein sowie ein Gefühl der Selbstwirksamkeit.

Achte im Alltag auf die bereits bekannte "**5:1-Regel**", wonach Du nach einmal schimpfen (negative Reaktion) das Kind vier Mal loben (positive Reaktion) solltest. Formuliere Kritik außerdem so, dass Dein Kind daraus lernen kann:

- "Setze dich bitte wieder hin" anstatt "Zappel nicht immer herum"
- "Iss bitte mit Gabel und Messer statt mit den Fingern" anstatt "Was machst du denn hier für eine Sauerei?"

- "Wie könntet ihr euren Streit lösen?" anstatt "Warum müsst ihr euch denn jetzt schon wieder streiten?"

etc.

> ## Tipp:
>
> Wenn Dein Kind grundsätzlich aufsässig ist und jede Regel missachtest, dann könnte das eventuell an einem ungesunden Gesamtgefüge liegen. Manche Kinder haben das Gefühl, zu wenig Aufmerksamkeit zu erhalten und versuchen dieses Manko durch negatives Verhalten auszugleichen. Schließlich gibt es dafür Aufmerksamkeit, wenn auch negative. Versuche es stattdessen mit positiver Verstärkung und beachte Dein Kind vor allem dann, wenn es positive Verhaltensweisen zeigt. Schenke ihm allgemein mehr Aufmerksamkeit, damit es diese nicht mehr verzweifelt einfordern muss.

4.2 Senioren und positives Altern

Das Alter wird heute immer noch größtenteils als negativ angesehen: Viele Menschen befürchten, im Alter weniger (schöne) Dinge tun und geliebte Hobbys aufgeben zu müssen. Häufig ist in diesem Zusammenhang der Satz *"Ich würde schon gern alt werden, aber ich möchte nicht alt sein"* zu hören. Alt sein assoziieren viele mit Krankheit, Einsamkeit und Depression, geistigem wie körperlichem Verfall und anderen unangenehmen Begleiterscheinungen. Des Weiteren ist die Angst vor dem Alter durch die Ansicht geprägt, dass glückliche Momente mit den Jahren abnehmen und sowieso alte Menschen eine finanzielle Last für die Gesellschaft seien. Beides muss jedoch überhaupt nicht zutreffen.

Viele Menschen plagt zudem große Furcht vor einer Demenz sowie damit verbunden nicht nur mit dem Verlust des Gedächtnisses, sondern auch der eigenen Geschichte und des eigenen Ichs. Diese Angst geht bei manchen Senioren so weit, dass kleine Momente normaler Vergesslichkeit sofort als Vorboten einer beginnenden Erkrankung gesehen werden. Dabei hat sich gezeigt, dass die meisten älteren Menschen auch nicht vergesslicher sind als junge - sie allerdings vergesslichen Momenten mehr Aufmerksamkeit widmen. Im Allgemeinen liegt der Fokus verstärkt auf den Einschränkungen und Beschwerden, die das Alter mit sich bringen - anstatt zu sehen, was alles noch möglich ist und wie man am Leben teilhaben kann. Diese negative Sichtweise bringt nicht nur unnötiges Leiden mit sich, sondern setzt auch einen Teufelskreislauf in Gang - wer nämlich erwartet, dass es ihm schlecht geht, dem wird es auch schlecht gehen.

Das Wichtigste aus diesem Kapitel in Kürze:

- **Bleibe aktiv.**
- **Betrauere nicht** das, was Du nicht mehr kannst. Sieh lieber, was Du noch kannst
- **Bleibe in Kontakt** mit Deinen Freunden und Deiner Familie.
- **Schließe neue Freundschaften** und Bekanntschaften.
- Suche Dir eine **sinnvolle Beschäftigung.**
- **Kümmere Dich** um andere.

- Treibe Sport und ernähre Dich gesund.

Was im Alter positiv ist

Tatsächlich aber geht es vielen alten Menschen vergleichsweise gut. Dank des technischen wie medizinischen Fortschrittes sind Senioren körperlich heutzutage recht gesund. Im Hinblick auf ihren Gesundheitszustand sowie ihre Lebenserwartung sind etwa heutige 70-Jährige ähnlich aufgestellt wie 60- bis 65-Jährige in den 1930er Jahren. Zudem sind viele ältere Menschen ganz im Gegensatz zu der herkömmlichen Annahme durchaus in der Lage, sich verändernden Bedingungen anzupassen - beispielsweise, wenn sie aus körperlichen Gründen bestimmte Aktivitäten nicht mehr ausführen können.

Wer flexibel ist, findet selbst im fortgeschrittenen Alter noch neue Tätigkeiten, die einen mit Freude erfüllen und die Sinn stiften. Angst vor Einschränkungen und Krankheiten wiederum lassen sich begegnen, indem schädliche Angewohnheiten (etwa das Trinken von Alkohol, eine ungesunde Ernährungsweise, mangelnde Bewegung oder Rauchen) abgelegt und durch gesundheitlich sinnvollere ersetzt werden - solche Maßnahmen bringen selbst im hohen Alter noch Vorteile, da sich etwa die Lunge nach einem Rauchstopp innerhalb weniger Jahre weitestgehend regeneriert und auch das Risiko, an Herz-Kreislauf-Erkrankungen zu versterben, sinkt.

Selbst um die kognitiven Fähigkeiten vieler alten Menschen ist es vergleichsweise gut bestellt - was allerdings vor allem für die Individuen gilt, die weiterhin am Leben teilhaben und so ihr Gehirn stimulieren. "*Wer rastet, der rostet*" behauptet die alte Volksweisheit schließlich nicht ohne Grund. Lerne also weiterhin und verschließe Dich nicht vor neuen Erfahrungen und vor neuem Wissen, dann bleibt Deine Denk- und Lernleistung auch im Alter noch auf einem hohen Niveau.

Zwar hat man als alter Mensch gelegentlich das Gefühl, dass alle Freunde nach und nach wegsterben, doch bleiben viele Netzwerke oft dennoch bis ins hohe Alter aktiv - sofern man sich darum bemüht. Wenn das Laufen zum Kaffeeklatsch mit der Freundin schwerfällt, so helfen eben die modernen technischen Möglichkeiten dabei, in Kontakt zu bleiben. Des Weiteren lassen sich soziale Kontakte auch im Alter noch neu aufbauen, beispielsweise bei einem Hobby, einem Ehrenamt, der Übernahme einer Patenschaft oder in einer Seniorengruppe. Die Zeit für derartige Aktivitäten ist schließlich vorhanden und sollte auch unbedingt genutzt werden – in den vorangegangenen Kapiteln wurde die Wichtigkeit von positiven Aktivitäten, der Konzentration auf die eigenen Stärken sowie sozialer Kontakte ausreichend beleuchtet.

Wusstest Du übrigens, dass gemäß Erkenntnissen der psychologischen Forschung negative Emotionen mit dem Alter ab- und positive dafür zunehmen? Diese Tendenz erreicht ihren Höhepunkt um den 60. Geburtstag herum und stabilisiert sich anschließend. Damit wäre die Vorstellung widerlegt, dass Glücksgefühle mit dem Alter abnehmen. Wissenschaftler vermuten, dass die Amygdala (auch Mandelkern, die für Gefühle zuständige Gehirnregion) mit zunehmendem Alter einen immer geringeren Einfluss darauf ausübt, wie wir uns selbst sowie auch die Welt sehen. Grundsätzlich ist es so, dass alte Menschen

- **negativen Reizen** weniger Aufmerksamkeit schenken

- sich schlechter an **negative Geschehnisse** erinnern können
- ein **positiveres Bild** vom **eigenen vergangenen Ich** haben als dies in der Realität war
- **weniger negative Gefühle** haben

Du siehst, die gerade bei älteren Menschen häufig anzutreffende Sichtweise, dass *"früher alles besser war"* lässt sich durchaus schlüssig psychologisch begründen. Wer die Vergangenheit (unbewusst natürlich!) verklärt, der hat einen deutlich positiveren Blick darauf. Überhaupt hat eine optimistische Grundhaltung auch bei Senioren viele positive Auswirkungen:

- **glückliche Momente** werden als stärker empfunden
- man fühlt sich anderen Menschen **stärker verbunden**
- man **sorgt besser** für sich selbst
- die **körperliche** wie **seelische Gesundheit** ist besser

- man besitzt **bessere Bewältigungsstrategien** ("Coping")

- **besserer Umgang** mit stressigen Ereignissen (vielleicht auch aufgrund der höheren Lebenserfahrung)

- **bessere Akzeptanz** von Situationen, die unangenehm oder unabänderlich sind

Allgemein lässt sich sagen, dass optimistische alte Menschen nicht nur einen schöneren Lebensabend verleben, sondern diesen aufgrund einer längeren Lebensdauer auch noch länger genießen dürfen.

Einschränkungen und der Umgang damit

Nun bleiben natürlich Einschränkungen im Alter nicht aus. Diese Einschränkungen sind sehr unterschiedlicher Natur und betreffen u. a.

- Gesundheit
- finanzielle Möglichkeiten

- Persönlichkeit
- soziale Unterstützung

Wie Du diese Einschränkungen wahrnimmst und wie Du mit ihnen umgehst, bestimmt ganz wesentlich darüber, wie Du selbst das Alter mit seinen Begleiterscheinungen siehst.

Ein Beispiel: Eine mögliche Einschränkung ist es, nur wenig Geld zur Verfügung zu haben. Allerdings zeigen sowohl die Erfahrung als auch die Forschung, dass wenig Geld nur dann einschränkend wahrgenommen wird, wenn man selbst dieser Meinung ist. Wenn Du hingegen auch ohne Geld viele schöne Erlebnisse hast (beispielsweise einen Waldspaziergang, ein kostenloses Konzert, einen Spielplatzbesuch mit den Enkeln etc.), nimmst Du Deine mangelnden finanziellen Möglichkeiten weniger als Einschränkung wahr, sondern kannst sie einfach als Tatsache akzeptieren.

Daneben entscheiden bestimmte Persönlichkeitsmerkmale darüber, ob man in seinen Aktivitäten eingeschränkt ist oder eben nicht. Diese negativen Eigenschaften zeigen sich in wenig funktionalen Bewältigungsstrategien, die sich wiederum in Sätzen wie "*Dafür bin ich schon zu alt*" oder "*Das kann ich doch sowieso nicht mehr*" ausdrücken. Dabei handelt es sich oft um Ausreden, bei denen die eigene (vermeintliche) Situation dafür herhalten muss, um bestimmte Dinge nicht (mehr) tun zu müssen. Leider hat dieses Verhalten auch zur Folge, dass Menschen mit diesen Persönlichkeitsmerkmalen sich gänzlich aus der Teilhabe am Leben zurückziehen.

Stattdessen ist es viel besser, weiterhin Teil eines guten sozialen Netzwerks zu sein. Wer in ein solches fest eingebunden ist, ist stressigen Situationen besser gewachsen, Grund dafür ist im Alter vor allem die gegenseitige Hilfe und Unterstützung, die man einander zuteilwerden lassen kann. Hier zeigt sich, wie wichtig ein freundliches und proaktives Wesen für das Alter ist - solche Persönlichkeiten haben deutlich mehr soziale Kontakte als Menschen, die introvertierter sind oder einen eher eigenbrötlerischen Charakter haben.

Erfolgreich positiv altern

Wer erfolgreich positiv altern möchte, sollte nach der Pensionierung auf keinen Fall die Hände in den Schoß legen und einfach gar nichts mehr machen. Eine solche Haltung führt nur zu körperlichen wie seelischen Problemen und hat mit einem schönen Ruhestand so gar nichts zu tun. Psychisch viel gesünder ist es hingegen, auch als Rentner bzw. Rentnerin eine sinnvolle Tätigkeit anzustreben. Wer ein Ziel vor Augen hat und dieses beharrlich verfolgt, steigert automatisch sein Wohlbefinden und somit das Glücksempfinden.

Dabei kommt es auch hier - wie beim Umgang und der Erziehung von Kindern - darauf an, nicht nur die Einschränkungen zu sehen. Stattdessen sollte der Fokus auf die Möglichkeiten gelenkt werden. Wenn man im Alter einen bestimmten Sport selbst nicht mehr ausüben kann, dann besteht vielleicht die Möglichkeit, andere darin zu trainieren und so die eigenen Erfahrungen weiterzugeben. Wichtig ist dabei, weiterhin aktiv zu bleiben. Sich selbst einzuschränken, führt nicht selten direkt in eine Depression, weshalb depressiven Menschen häufig vermehrte Aktivitäten empfohlen werden - zu Hause sitzen und grübeln verstärkt den negativen Kreislauf nur anstatt ihn zu beenden.

4.3 Job und Arbeit

Etwa ein Drittel unseres Lebens verbringen wir mit Arbeit. Angesichts so viel Lebenszeit klingt es einleuchtend, dass diese Arbeit möglichst gesund gestaltet werden sollte. Gesunde Arbeit schließt nicht nur Dinge wie Arbeitsschutz, ergonomische Schreibtische und dergleichen ein, sondern meint auch für das persönliche Glück so wichtige Dinge wie Engagement, Arbeitszufriedenheit und Sinnhaftigkeit. Zudem spielt das Ansehen des Unternehmens bei den Mitarbeitern sowie in der Öffentlichkeit eine große Rolle dabei, wie die Arbeit eingeschätzt wird.

Die Arbeitszufriedenheit ist jedoch nicht nur aus gesundheitlichen Gründen so wichtig, sondern beeinflusst außerdem, wie glücklich und zufrieden Du Dich in anderen Bereichen Deines Lebens fühlst. Grundsätzlich müssen **drei Faktoren** stimmen, damit wir uns an unserem Arbeitsplatz wohl fühlen und motiviert unseren Job erledigen:[16]

- die **Arbeit** muss als **sinnvoll** empfunden werden

---

[16] vgl. Turner et. al. (2002): Positive Psychology at work. In: Snyder, C. R. & Lopez, S. J. (Hrsg.): Handbook of Positive Psychology, Oxford University Press, New York, S. 715-728

- Du erlebst Dich als **selbst verantwortlich** für Deine Tätigkeit (Selbstwirksamkeit)
- Du erhältst **Feedback** und **Informationen** zu Deiner Leistung

Außerdem fühlen sich im Allgemeinen Menschen in Jobs wohler, bei denen sie angemessen gefordert werden: Sowohl eine Über- als auch eine Unterforderung erweisen sich auf Dauer als schädlich und wenig förderlich für die Eigenmotivation. Des Weiteren ist es von Vorteil, das Arbeitstempo sowie die -methoden selbst zu kontrollieren - Selbstwirksamkeit spielt am Arbeitsplatz ebenso wie in allen anderen Lebensbereichen eine große Rolle für die persönliche Zufriedenheit.

Das Wichtigste aus diesem Kapitel in Kürze:

- Mache einen **Job**, den Du als **sinnvoll** empfindest.
- Sorge für ein **gutes Arbeitsklima** unter Deinen Kollegen.

- **Sprich nicht schlecht** über Deine Teammitglieder.

- **Setze Dich** für Deine Kollegen und eure Arbeitsaufgaben ein.

- **Bilde Dich weiter.**

- **Stärke** Deine **Kompetenzen.** Setze sie ein.

- Setze Dir **berufliche Ziele** im Leben.

Was einen guten Job ausmacht und wie Du ihn bekommst

Nun müssen wir alle manchmal Jobs machen, die den genannten Kriterien absolut nicht entsprechen. Nicht immer haben wir eine Wahl, denn für die Miete und andere Grundbedürfnisse des Lebens muss Geld da sein - und das verdienen wir mit einem Job. Allerdings sind wir selten gezwungen, solche Tätigkeiten ein Leben lang auszuüben, denn wir haben immer eine Chance, uns beruflich zu verbessern. Um eine gesündere und sinnvollere Arbeit zu finden, brauchst Du ein klares Ziel vor Augen sowie einen Plan, um dieses zu erreichen:

Ausbildung Eine gute Ausbildung erhöht die Chancen auf einen guten Job, zudem verstärkt das Erlernen von neuen Fertigkeiten die Selbstwirksamkeit sowie das Selbstwertgefühl. Achte also darauf, Dich weiterzubilden, vielleicht noch einmal ein (Fern-)Studium zu absolvieren und so Deine Chancen zu verbessern.

Weiterbildung Überhaupt ist es wichtig, sich nach Schule und Erstausbildung nicht "auszuruhen", sondern sich beständig weiter zu verbessern und die eigenen Fähigkeiten zu vertiefen sowie das eigene Wissen zu erweitern. Nicht umsonst gibt es das Wort vom "lebenslangen Lernen", welches für ein zufriedenes Leben immens wichtig ist.

Arbeit Schlussendlich gilt es, eine zu den eigenen Fähigkeiten und Interessen passende Arbeit zu finden. Diese sollte außerdem Möglichkeiten zu einer Weiterentwicklung bieten, damit Du nicht irgendwann das Gefühl hast, in einer Sackgasse zu stecken.

Siehst Du derzeit keine Chancen, aus Deinem ungeliebten Job herauszukommen? Dann helfen Dir vielleicht diese Tipps:

- Überlege, was Du **beruflich** lieber **machen möchtest** und mache eine entsprechende Ausbildung / ein entsprechendes Studium.

- Das geht auch an einem **Fernlehrinstitut** oder einer **Fernhochschule** neben Beruf und Familie, kostet allerdings recht viel Anstrengung.

- Konzentriere Dich auf die Bereiche Deines Lebens, die Dir mehr **Freude bereiten**. Das kann ein Hobby sein, ein Ehrenamt oder auch Deine Familie. Bist Du in diesem Bereich glücklich, so strahlt das wiederum auf Deinen Job aus. Du findest ihn dann eventuell immer noch nicht besonders toll, kannst ihn aber als reine Möglichkeit zum Geldverdienen akzeptieren.

- Versuche, Deinem **ungeliebten Job nicht** allzu **viel Raum** in Deinem Leben zu geben. Dazu gehört auch, Arbeitszeiten sowie Ruhezeiten einzuhalten und nicht ständig Überstunden abzuleisten.

Arbeiten im Team ist gut für Dein Wohlbefinden

Verschiedene Forschungsergebnisse[17] zeigen, dass das Arbeiten in einem gut funktionierenden Team das individuelle Wohlbefinden befördert. Der Grund hierfür ist recht simpel: Wir sehen unsere Kollegen und Kolleginnen oft und über einen langen Zeitraum hinweg, ergo gehören sie zu unserem sozialen Netzwerk. Ein funktionierendes Team, in dem die einzelnen Mitglieder auf positive Weise miteinander umgehen, bringt höhere und bessere Leistungen als Mitarbeiter, die miteinander nicht zurechtkommen.

Ein Team funktioniert dann gut, wenn folgende Merkmale gegeben sind:

- gegenseitige **Hilfe** und **Unterstützung**
- **wertschätzende Atmosphäre**, Kollegen teilen einander öffentlich Wertschätzung mit

---

[17] u. a. Turner et. al. (2002): Positive Psychology at work. In: Snyder, C. R. & Lopez, S. J. (Hrsg.): Handbook of Positive Psychology, Oxford University Press, New York, S. 715-728

- Teammitglieder können einander **Ratschläge** erteilen und diese auch befolgen

- **Kritik** kann geäußert und auch empfangen werden

- Teammitglieder haben **Freude** an der Arbeit

- zeigen einen **humorvollen Umgang** miteinander

- **unterstützen** Kollegen bei Problemen und Schwierigkeiten

- begeben sich **gemeinsam** auf Lösungssuche

- lassen sich von **anderen Meinungen** überzeugen bzw. können diese akzeptieren

- niemand geht Konflikten aus dem Weg, stattdessen sind diese ein Anlass für **klärende Gespräche**

- **lernen** von- und aneinander

Das klingt nach traumhaften Arbeitsbedingungen, scheint Dir aber unerreichbar? Dann versuche einmal mit den folgenden Tipps, eine positive Aufwärtsspirale in Deinem Team in Gang zu setzen:

- **Respektiere** die anderen und schenke ihnen Aufmerksamkeit.
- Gebe anderen **Unterstützung**, so gut Du kannst. Sei hilfsbereit.
- **Erhebe Dich nicht** über die anderen, sondern sieh Dich als Teil eines Ganzen.
- **Sprich nicht negativ** über andere Teammitglieder - schon gar nicht, wenn diese nicht anwesend sind.
- Suche bei Problemen stattdessen das **persönliche Gespräch**.
- Führe **konstruktive Gespräche** und vergiss die **5:1-Regel** nicht! Auf jede Kritik sollten mindestens 5 positive Äußerungen folgen.
- **Sprich positiv** über Deine Arbeitskollegen - auch in deren Abwesenheit.

- Hebe gegenüber anderen ihre **Erfolge** und guten Seiten hervor.

- **Vermeide** Ausdrücke wie "**Ja, aber...**" oder "**Natürlich hast du recht, aber...**", weil Du damit Ablehnung signalisierst. Wenn Du zu einer Meinung einen weiteren Aspekt hinzufügen möchtest, verwende stattdessen "Ja, und..." oder "Natürlich hast du recht. Außerdem ...".

Außerdem verbessern gemeinsame Freizeitaktivitäten die Kommunikation und damit das gesamte Gefüge in einem Team. Organisiert daher von Zeit zu Zeit ein Teamtreffen, bei dem ihr euch ihr ganz zwanglos und fern von Arbeitsaufgaben einander widmen könnt.

Zum Schluss sei an dieser Stelle noch Mahatma Ghandi zitiert, der einst sprach "*Sei Du selbst die Veränderung, die Du Dir für diese Welt wünschst*". Angepasst auf unser Thema lässt sich das Zitat umwandeln in "*Sei Du selbst die Veränderung, die Du Dir für Dein Arbeitsteam und Deine Kollegen wünschst*". Schließlich bestimmt die Art und Weise, wie Du andere Menschen betrachtest und behandelst zugleich deren Sichtweise und Umgang auf Dich und mit Dir selbst. Alles was Du sagst und tust, fällt in irgendeiner Form stets auf Dich zurück.

> *Tipp:*
>
> Gute Führungskräfte zeichnen sich durch einen positiven und lösungsorientierten Führungsstil aus, der den Menschen im Mitarbeiter im Blick hat – und diesen nicht nur als Erfüllungsgehilfen für eine möglichst hohe Rendite sieht. Sieh also nicht nur auf die Probleme, sondern rücke die positiven Dinge in den Vordergrund. Hier kannst Du wunderbar anknüpfen, um weitere Verbesserungen zu erzielen.

4.4 Umgang mit Konflikten

Im 20. Jahrhundert kamen mehr Menschen durch Kriege um als in allen vorangegangenen Zeiten. Doch schon immer hatte der Mensch gewalttätige Anteile in seinem Wesen, die sich auch heute noch immer wieder Bahn brechen. Dennoch sind wir soziale Wesen, die auf Vertrauen, Versöhnung und Zusammenarbeit angewiesen sind - anderenfalls überleben wir nicht. Doch wie bringen Menschen diese beiden Aspekte ihres Seins - die Aggressivität ebenso wie das Bedürfnis nach Frieden und Harmonie - zusammen? In verschiedenen Kulturen haben sich unterschiedliche Bewältigungsstrategien herausgebildet, praktisch interkulturell ist jedoch oft das Bedürfnis nach Vergebung und Versöhnung.

Beides ist auch im Tierreich weit verbreitet: So führen etwa unsere engsten Verwandten, die Schimpansen, regelrecht Krieg gegeneinander und geraten innerhalb ihrer Gruppe oft in Streit. Nach einem solchen konnten Forscher jedoch typische Gesten der Versöhnung beobachten, wie sie auch von Menschen benutzt werden: So umarmen sich die Tiere und küssen einander auf den Mund, auch halten sie sich an den Händen und beruhigen sich gegenseitig durch Gebärden. Berührungen sind in diesem Zusammenhang wichtig, denn dadurch findet eine Ausschüttung des Kuschelhormons Oxytocin statt, welches Gefühle wie Vertrauen und Verbundenheit stärken.

Das Wichtigste aus diesem Kapitel in Kürze:

- **Sprich nicht schlecht** über andere.
- **Sei nicht nachtragend.** Vergeben und Verzeihen ist besser für Deine psychische Gesundheit.
- **Setze Dich** für andere **ein**.
- **Kommuniziere** mit anderen, höre ihnen dabei aufmerksam zu.
- **Sei empathisch.** Versuche die Beweggründe der anderen für Äußerungen und Handlungen zu verstehen.
- Zeige **Mitgefühl**.

Vergebung und Versöhnung

Konflikte treten häufig aus Gründen der Vermeidung oder auch aus einem Rachegedanken heraus auf. Diese Gefühle lassen sich durch Vergebung umwandeln, sodass der Weg in eine friedliche Versöhnung geebnet ist. In vielen Religionen ist der Vergebungsgedanke grundlegend, so etwa im Christentum: Gott vergibt dem sündigen Menschen, weshalb diese auch einander vergeben sollen. In diesem Sinne bedeutet Vergebung

- die Chance, Opfer und Täter wieder anzunähern
- eine wertvolle menschliche Tugend
- eine wichtige soziale Fähigkeit, die für eine bessere Funktionalität innerhalb von Kleingruppen und in der Gesellschaft sorgt

Wer sich entschuldigt und sein Verhalten / seine Taten bereut, appelliert an die Empathie des Empfängers und verringert dessen negative Emotionen in Bezug auf die eigene Person. Vergebung ist dabei in erster Linie die Angelegenheit des Opfers in seiner Rolle als Vergebenden: Es verabschiedet sich in diesem Moment von seinem Wunsch nach Rache sowie nach Bestrafung des Täters und ersetzt diese negativen Gedanken durch Hoffnung auf eine bessere Zukunft. Dieser Prozess ist die Voraussetzung für Versöhnung, denn ohne Vergebung kann es keine Versöhnung geben.

Psychologische Studien konnten zeigen, wie wichtig das Element "Vergebung" bei Opfern und anderen Betroffenen von Gewalttaten ist. Wer einem anderen verzeiht, lässt Vergangenes los und kann sich der Zukunft zuwenden. Wohlbefinden und körperliche Gesundheit verbessern sich, weshalb diesem Thema innerhalb der Positiven Psychologie seit einigen Jahren vermehrt Beachtung geschenkt wird.

Übung

Setze Dich in einem ruhigen Moment einmal hin und denke über verletzende Situationen in Deinem Leben nach, die Du bis heute nicht vergessen konntest. Stelle Dir dabei diese Fragen:[18]

---

[18] Stangl, Werner (2019): Verzeihen fördert die Gesundheit. URL: https://psychologie-news.stangl.eu/538/verzeihen-fordert-die-gesundheit [Stand: 25-08-2019]

- Weshalb kann ich gerade diese Begebenheit **nicht vergessen**?

- Warum halte ich daran fest und kann nicht **loslassen**?

- Habe ich einen **Nutzen** davon? Falls ja, welcher ist es?

- **Was** genau **erhoffe** ich mir davon?

- Ist all das den **Schmerz** wert, den das Nicht-Verzeihen in mir auslöst?

Vorsicht: Diese Fragen rühren sehr tief und können bei Dir starke Angstgefühle auslösen. Doch nur, wenn Du das Problem an der Wurzel packst, hast Du die Möglichkeit zum Loslassen. Das braucht sehr viel Zeit und geht oft in vier Etappen vor sich:[19]

a) Muss ich dem Übeltäter tatsächlich für immer und ewig böse sein?

---

[19] Stangl, Werner (2019): Verzeihen fördert die Gesundheit. URL: https://psychologie-news.stangl.eu/538/verzeihen-fordert-die-gesundheit [Stand: 25-08-2019]

b) Gibt es eventuell einen nachvollziehbaren Grund für das Fehlverhalten?

c) Welche Möglichkeiten habe ich, dem Täter zu verzeihen?

d) Zum Schluss kannst Du sagen: Ich verzeihe Dir.

Empathie und Mitgefühl

Empathische Menschen sind in der Lage, sich in jemand anderes und dessen Beweggründe einzufühlen, was wiederum die Bereitschaft zur Vergebung als auch zu Unterstützung und Hilfe erhöht. Das wiederum hat positive Effekte nicht nur auf die beteiligten Menschen, sondern auch innerhalb einer Gesellschaft: Positive Verhaltensweisen verstärken sich, da sie automatisch von anderen Menschen nachgeahmt werden - natürlich unbewusst. Derselbe Effekt tritt übrigens auch bei negativen Emotionen auf, da diese ebenso ansteckend sind. Richtest Du also Dein Augenmerk bei Dir selbst auf gute Gefühle und Verhaltensweisen, so wirkst Du praktisch wie ein Katalysator, der diese in seine Umgebung hinein pflanzt. Dadurch entsteht eine Kettenreaktion, die schlussendlich zu einer stärkeren Verbindung der Menschen untereinander sowie zu mehr Verständnis und Mitgefühl füreinander führt.

Fähigkeiten wie Empathie und Mitgefühl sind bei uns nur dann ausgeprägt, wenn wir uns selbst gut fühlen. Wer in einer schlechten Stimmung ist - aus welchem Grund auch immer - ist häufig nur wenig oder gar nicht empathisch. Dies betrifft beispielsweise Menschen mit Depressionen, die sich psychisch gesehen nicht um andere kümmern können. Dadurch allerdings entsteht ein Teufelskreis, denn empathische Menschen sind offener und flexibler, weshalb sie wiederum in der Lage sind, bessere und stabilere soziale Beziehungen aufzubauen. Wer das nicht kann, erlebt weniger positive Begegnungen und Gefühle - was wiederum mehr Negativität und Probleme zur Folge hat.

Aus diesem Teufelskreis der Negativität kommst Du nur heraus, wenn Du Dich selbst und Deine Probleme nicht mehr in den Mittelpunkt Deines Denkens stellst. Stattdessen hilft es, den Dingen um Dich herum verstärkt Aufmerksamkeit zu schenken. Überlege, ob Du trotz Deiner

Sorgen und Probleme (bzw. gerade deshalb) jemand anderem etwas Gutes tun kannst. Hier gibt es viele Möglichkeiten, ein paar **Beispiele**:

- **Engagiere** Dich ehrenamtlich im örtlichen Tierheim.
- Nimm ein **Haustier** bei Dir auf und kümmere Dich darum.
- Besuche Deine **alte Nachbarin** und trinke einen Kaffee mit ihr.
- **Hilf Kindern** bei den Hausaufgaben oder biete Nachhilfe an.
- Arbeite bei der **örtlichen Tafel** oder in einer **Suppenküche** mit.
- Trainiere eine **Kindersportgruppe**.
- Biete Deine Hilfe beim **Deutschlernen** in einem Flüchtlingsheim an.

Du wirst sehen, dass Deine eigenen Probleme alsbald in den Hintergrund rücken und stattdessen andere, zwischenmenschliche Dinge wichtiger werden. Resultierend aus den neuen positiven Erfahrungen entkommst Du zudem der Negativspirale und hast die Chance, ein zufriedeneres und glücklicheres Leben zu führen.

Was tun bei Konflikten?

Zusammengefasst aus den Erkenntnissen aus diesem und den vorangegangenen Kapiteln helfen bei konkreten Konflikten diese Tipps:

- Versuche, nicht auf das **Negative** zu schauen. ("Wir streiten uns nur noch")

- **Fokussiere** Deinen Blick stattdessen auf das, was gut ist und funktioniert. ("Früher waren wir doch ein gutes Team und sind es eigentlich immer noch")

- **Arbeite** nicht problem- sondern **lösungsorientiert** (statt: "Warum streiten wir uns dauernd?" könntest Du auch fragen: "Wie können wir das ändern?")

- Formuliere ein **Gesprächsziel** und passe dieses gegebenenfalls an. ("Ich möchte mich nicht mehr mit Dir streiten")

- Schaffe eine **positive Gesprächsatmosphäre**. ("Ich mag Dich sehr und würde mich gern mit Dir vertragen")

- Versuche, den anderen und dessen **Beweggründe zu verstehen**. ("Dein Job ist stressig, deshalb bist Du abends genervt und möchtest nur noch Deine Ruhe haben")

- **Entschuldige** Dich gegebenenfalls. ("Es tut mir leid, dass ich gestern Abend so mit Dir geschimpft habe")

- **Vergebe** dem anderen (bzw. lass Vergebung zu)

- **Verurteile** Dein Gegenüber **nicht** und stelle Dich nicht auf eine moralisch höhere Stufe. ("Dauernd musst Du meckern! Nie sagst Du etwas Nettes zu mir!")

- **Werte** Dein Gegenüber **nicht** als Person **ab**, sondern führe ein sachliches und konstruktives Konfliktgespräch. (salopp gesagt: Nicht nur meckern, sondern Lösungsvorschläge anbieten.)

- Bleibe **ruhig** und sprich Kritik als Ich-Botschaften aus.

- **Höre** Deinem Gegenüber **aufmerksam zu** und lasse ihn ausreden.

In Studien[20] konnte festgestellt werden, dass in Konfliktsituationen sich kooperativ und freundlich verhaltende Menschen am besten abschneiden und die besseren Lösungen präsentierten. Die Ansicht, dass man in Verhandlungen wütend und hart sein muss, führt hingegen - ganz im Gegensatz zur allgemein üblichen Annahme - zu weniger vorteilhaften Ergebnissen.

---

[20] vgl. u. a. Kopelman et. al. (2006): The three faces of Eve – Strategic displays of positive, negative, and neutral emotions in negotiations. In: Organizational Behavior and Human Decision Processes, Vol. 99, S. 81-101

5. Charakterstärken
gezielt trainieren – Übungen

Charakterstärken sind eines der wichtigsten Themengebiete innerhalb der Positiven Psychologie. Es ist ein Konzept, das für alle gilt. Jeder Mensch hat auf bestimmten Gebieten seine ganz individuellen Stärken und jeder kann sie nutzen.

Persönlichkeitsmerkmale sind ohnehin Themen, die sich gut in die traditionelle Psychologie einfügen. Die Konzentration auf Stärken jedoch - wobei es sich um eindeutig positive Merkmale handelt - verleiht dem Thema eine solide Grundlage in der Positiven Psychologie. Was Charakterstärken sind, wurde in einem vorangegangenen Kapitel bereits besprochen. Sie können als Mittel und Wege angesehen werden, mit denen wir unsere Werte ausdrücken und nach den Tugenden streben, die wir am sinnvollsten finden.
Ein übergeordnetes Ziel in der Positiven Psychologie ist es, das Gute im Leben systematisch zu vermehren. Hierfür

kommen verschiedene Strategien infrage. Eine davon ist die Förderung bereits vorhandener Stärken und Fähigkeiten, eine zweite die Entwicklung neuer positiver Aspekte unserer Persönlichkeit. Daher versammelt dieses Kapitel Ideen, wie Du Deine persönlichen Stärken fördern und vertiefen kannst.

5.1 Arbeitshaltung und Durchhaltevermögen

Diese Stärken sind im kognitiven Bereich anzusiedeln und immens wichtig für ein beruflich erfolgreiches Leben. Wer eine positive Arbeitshaltung an den Tag legt und Durchhaltevermögen auch bei schwierigeren Aufgaben zeigt, den erfüllt sein Beruf - der nun einmal einen großen Teil des Tages einnimmt - ganz anders, als bei jemanden, der lediglich Dienst nach Vorschrift macht. Zudem sind diese beiden Eigenschaften ein wichtiger Indikator dafür, wie erfolgreich Du in Deiner Ausbildung oder in Deinem Studium bist. Mit den folgenden Tipps kannst Du beides trainieren und verbessern:

- Mache jeden Morgen eine **To-Do-Liste** mit mindestens drei Aufgaben, die Du heute noch erledigst. Passe jedoch auf, dass Du Dir nicht zu viel vornimmst! Das Maß an gestellten Tagesaufgaben muss zeitlich realistisch bleiben, sonst bist Du am Ende nur frustriert.

- **Setze Dir** in einem bestimmten Aufgabenbereich **ein Ziel** (beispielsweise zehn Liegestütze hintereinander schaffen oder bis zum Datum x ein bestimmtes Kapitel aus Deinem Lehrbuch durcharbeiten). Halte daran fest.

- **Lasse Dich** beim Arbeiten oder Lernen **nicht ablenken**. Schalte Störquellen wie beispielsweise soziale Medien wie Facebook, Instagram etc., aber auch Radio, Fernseher oder generell das Internet aus.

- **Konzentriere Dich** stattdessen voll und ganz auf die Aufgabe, die gerade ansteht.

- Du musst eine Aufgabe oder ein Projekt bis zu einer bestimmten **Deadline** abgeben? Stelle sie früher fertig!

- Mache einen **Wochenplan**, wo Du Zeiten für Arbeit, Lernen und Müßiggang genau einträgst. Halte Dich daran.

5.2 Bescheidenheit und Mäßigung

Bescheidenheit und Mäßigung waren in der Antike wichtige und zentrale Tugenden. Heutzutage sind sie jedoch kaum noch gefragt, weil jeder sein Licht leuchten sehen will. Dennoch ist Bescheidenheit als die Fähigkeit, sich selbst zurückzunehmen, ein wertvolles Gut. Bescheidene Menschen sehen sich nicht als Mittelpunkt der Welt an und sind auch nicht traurig, wenn sie mal nicht Gegenstand des Interesses aller sind. Stattdessen rückt der Mitmensch in den Fokus. Diese Fähigkeit lässt sich beispielsweise durch diese Übungen trainieren:

- Finde eine positive Eigenschaft / einen positiven Aspekt bei einem Kollegen / Freund / Familienmitglied und lobe denjenigen dafür.

- Sprich mal einen Tag lang nicht über Dich selbst, sondern höre nur den anderen zu.

- Tue einem anderen Menschen etwas Gutes (indem Du beispielsweise einer alten Dame die Einkäufe nach Hause trägst) und erzähle es niemandem. Erfreue Dich stattdessen selbst an diesem Wissen.

5.3 Dankbarkeit

Dankbarkeit ist eine der wichtigsten Stärken, um selbst ein zufriedenes und glückliches Leben zu führen. Dankbare Menschen nehmen positive Äußerungen und Handlungen ihrer Mitmenschen nicht für selbstverständlich, sondern verleihen ihrer Anerkennung auf verschiedene Weise Ausdruck. Übe diese Fähigkeit etwa mit diesen Aktionen:

- **Bedanke Dich** nach dem Bezahlen beim Supermarktkassierer. Alternativ kannst Du Dich auch für eine andere Dienstleistung bedanken, die Du sonst für selbstverständlich gehalten hast.
- Überlege, was ein Freund oder ein Familienmitglied kürzlich **Gutes** für Dich **getan** hat und bedanke Dich dafür.

- Halte jeden Abend in einem **Tagebuch** fest, wofür Du an diesem Tag **dankbar** warst.

5.4 Ehrlichkeit

"*Wer einmal lügt, dem glaub man nicht und wenn er auch die Wahrheit spricht*" besagt ein altes deutsches Sprichwort. Viele Menschen behaupten von sich, sie seien ehrlich. Tatsache ist jedoch, dass jeder von uns schon einmal größere und kleinere Lügen erzählt hat. Die Gründe hierfür sind ganz unterschiedlich: Man lügt häufig aus sozialen Gründen, beispielsweise um jemanden nicht zu verletzen, aber auch, um sich selbst ins beste Licht zu rücken. Ehrlichkeit lässt sich jedoch trainieren:

- Mache Dir Deine täglichen kleinen **Notlügen bewusst** und versuche, darauf zu verzichten. Erwischst Du Dich trotzdem dabei, stehe dazu und entschuldige Dich.

- Überlege am Ende des Tages, ob Du manches heute nur getan oder gesagt hast, um bei anderen Eindruck zu schinden bzw. diese zu beeindrucken. Versuche, auf solche **Äußerungen** zu **verzichten.**

5.5 Enthusiasmus

Auch Enthusiasmus - mancher spricht auch von Begeisterungsfähigkeit - ist eine wichtige Eigenschaft für den Erfolg im Berufsleben oder in einem Hobby. Wer liebt, was er tut, setzt sich mehr ein, strengt sich mehr an und gerät zudem leichter in einen Flow-Zustand. Enthusiasmus lässt sich etwa mit diesen Übungen fördern:

- **Schlafe ausreichend**, stehe zeitig auf und beginne den Tag ruhig (und nicht hektisch um rechtzeitig zur Arbeit zu kommen!). Dann hast Du genügend Energie für den kommenden Tag.
- Mache morgens **Frühsport**, damit Du wacher und fitter in den Tag startest.
- **Bringe Dich** in Deinem Team / Deinem Seminar / im Unterricht **verstärkt ein**, melde Dich öfter und übernehme freiwillig eine Aufgabe.

- Beginne ein **Ehrenamt** Deiner Wahl und bringe Dich darin ein. Das kann alles Mögliche sein, Hauptsache, die Aufgabe liegt Dir und Du machst sie gern.

- Mache etwas **nicht** deswegen, **weil Du musst**, sondern weil Du es selbst willst.

5.6 Freundlichkeit

Freundliche Menschen sind nett, aufmerksam und großzügig gegenüber anderen. Diese Menschen zeigen ein anerkennendes, respektvolles und wohlwollendes Verhalten gegenüber ihren Mitmenschen, das jedoch auf eine entsprechende innere Haltung zurückzuführen ist. Freundliche Menschen besitzen ein hohes Maß an sozialer Intelligenz.

- **Überrasche jemanden**, indem Du heute besonders nett bist oder ihm eine kleine Aufmerksamkeit zuteilwerden lässt.

- **Höre** Deinen Freunden aufmerksam **zu**, stelle ihnen interessierte Nachfragen und sei nett.

- Schenke einem anderen Menschen **Zeit** und Aufmerksamkeit.
- Halte jemand anderem die **Tür auf**.
- Sage häufig "**Bitte**" und "**Danke**", grüße höflich beim Betreten eines Raumes und verabschiede Dich beim Verlassen desselben.
- **Bedanke Dich** auch für vermeintliche **Kleinigkeiten**.

5.7 Führung

Nicht jeder ist eine Führungspersönlichkeit, viele Menschen fühlen sich wohler, wenn sie als Teil eines Teams zum Gelingen eines Projekts beitragen - aber nicht die Verantwortung für die Organisation und den Zusammenhalt innerhalb der Gruppe tragen müssen. Dennoch kannst Du gelegentlich aus Deinem Schneckenhaus heraustreten und Deine Führungsqualitäten unter Beweis stellen. Dies ist für Dein Selbstwertgefühl von großem Vorteil.

- **Organisiere** eine **besondere Aktion** / einen tollen Ausflug für Deine Freunde oder Familie.

- **Organisiere** einen **Elternstammtisch**, ein Kollegentreffen oder eine Übungsgruppe.

5.8 Gemeinschaftsgefühl und Teamarbeit

Teamfähigkeit ist in vielen Jobs eine wichtige und gefragte Eigenschaft. Damit sie nicht nur eine Floskel bleibt, kannst Du sie trainieren:

- **Übernimm Verantwortung** in einem Verein / einer Organisation / einem Team oder einer Gruppe, in der Du bereits Mitglied bist.

- **Setze Dich** für Dein Team **ein** und unterstütze es, beispielsweise indem Du während einer schwierigen Projektphase für alle Kaffee kochst und frisches Obst mitbringst.

- **Sei loyal** Deiner Gruppe gegenüber und sprich gegenüber anderen nicht schlecht über bestimmte Teammitglieder.

Räume herumliegenden Müll weg. Reinige und räume Gemeinschaftsbereiche auf.

5.9 Gerechtigkeit und Fairness

Über die Frage, was gerecht ist und was nicht, darüber streiten sich die Geister schon seit Jahrtausenden. Gerechtigkeit ist in der Philosophie eine große Frage. Nicht so in der Psychologie, denn hier wollen wir den Begriff nicht in all seinen Bedeutungsfacetten auseinandernehmen, sondern vom psychologischen Standpunkt aus betrachten. Gerechtigkeit als Charakterstärke zeichnet sich dadurch aus, dass Du offen und vorurteilsfrei auf andere Menschen zugehst, ihre Standpunkte anhören kannst und sie dafür nicht verurteilst. Wer fair agiert, ist darauf bedacht, dass jeder zu Wort und zu seinem Recht kommt.

> **Sei Mediator** in einem Streitgespräch zwischen zwei Freunden und moderiere die Unterhaltung so, dass sich jeder verstanden und fair behandelt fühlt.

- Höre Dir die **Argumentation** von jemandem mit einer anderen Ansicht als Deiner eigenen aufmerksam an und versuche, diese nachzuvollziehen. Das bedeutet übrigens nicht, dass Du diese Meinung teilen sollst.

- **Sei aufmerksam** Dir selbst gegenüber: Hegst Du Vorurteile bestimmten Menschen gegenüber, die Du nur vom Sehen kennst? Versuche, mit diesen Menschen ins Gespräch zu kommen.

5.10 Hoffnung

Wer Hoffnung hat, erwartet von der Zukunft noch Gutes. Eine solche optimistische Grundhaltung ist gemäß den Ergebnissen der Positiven Psychologie immens wichtig für ein zufriedenes und glückliches Leben. Übe daher, anhand der bereits früher beschriebenen Übungen Deinen Optimismus. Die folgenden Aufgaben helfen Dir dabei:

- **Setze** Dir in einem bestimmten Bereich Deines Lebens **ein Ziel** und finde Wege, dieses Ziel zu erreichen. Das kann alles Mögliche sein: Zeichnen oder ein Instrument spielen lernen etwa, einen Studienabschluss schaffen oder auch ein paar Kilogramm Gewicht verlieren.

- Führe ein **Tagebuch**, indem Du dieses Ziel sowie die vielen kleinen Schritte auf dem Weg dorthin festhältst.

- Ertappst Du Dich selbst bei negativen Gedanken, so stoppe diese und ergänze sie durch **positive Gegenaussagen**.

- Wenn Du niedergeschlagen bist, dann mache einen **Spaziergang** an der frischen Luft. Insbesondere eine grüne Umgebung - etwa im Wald - hat nachweislich einen stimmungsaufhellenden Effekt. Konzentriere Dich auf diesen Spaziergang in der Natur und hänge dabei keinen weiteren trübseligen Gedanken nach.

5.11 Humor

"*Humor ist, wenn man trotzdem lacht*" sagt eine alte Volksweisheit und meint damit Menschen, die den alltäglichen Beschwernissen und Unzulänglichkeiten gelassen und fröhlich begegnen. Damit gehört diese Eigenschaft zusammen mit einer hoffnungsvollen und optimistischen Grundhaltung zu den wichtigsten Stärken in der Positiven Psychologie. Andererseits versteht man unter diesem Begriff aber auch Menschen, die andere gut zum Lachen bringen können. Und so trainierst Du Deine Humorfähigkeiten:

- Lerne jeden Tag einen **neuen Witz** und erzähle ihn anderen.

- **Bringe** täglich jemanden **zum Lachen**, ganz egal womit. Erzähle einen Witz, sei albern oder ziehe Grimassen - nur über andere lustig machen solltest Du Dich nicht.

- Lies **lustige Comics** oder lerne einen Zaubertrick. Führe diesen vor.

- **Ohnmachtsgefühle** gegenüber Mächtigen und deren Entscheidungen lassen sich gut in den

Griff bekommen, indem Du Dich darüber **lustig machst**. Humor ist in einer demokratischen Gesellschaft zudem ein akzeptiertes Mittel, sich zur Wehr zu setzen und seine Ansichten kundzutun.

5.12 Kreativität und Originalität

Kreative Menschen müssen nicht unbedingt malen, musizieren oder sonst wie künstlerisch tätig sein, denn grundsätzlich steht der Begriff für jemanden, der mit seinem Einfallsreichtum etwas Neues schafft oder neue Lösungswege findet. Das Wort "kreativ" stammt aus dem Lateinischen, wo "creare" so viel bedeutet wie "etwas erfinden, erzeugen, neu schöpfen oder herstellen". Wer kreativ ist, entwickelt ungewöhnliche Lösungswege und entflieht somit der Negativität.

- **Stelle** die **Möbel** in Deinem Zimmer / Deiner Wohnung **um** und dekoriere die Räume neu.

- Wähle ein bestimmtes Objekt aus (irgendeines, das kann auch eine Suppenkelle, ein Buch, ein Korkenzieher oder ein Wäschekorb sein, was Dir gerade so ins Auge fällt) und **überlege Dir** einen anderen als den offensichtlichen **Nutzen**.

- Beschaffe Dir ein **Wörterbuch** (beispielsweise den Duden oder auch ein Synonymwörterbuch) und suche Dir jeden Tag ein neues Wort heraus. Setze es in kreativer Art und Weise beispielsweise in einem Gespräch ein.

- **Schreibe** ein **Gedicht** oder eine **Geschichte**.

- **Reiche** Dein Geschriebenes bei einer Zeitung oder einer Literaturzeitschrift **ein**. Veröffentliche es in einem Autorenforum.

- Führe ein **Tagebuch**.

- **Male** oder gestalte **ein Bild**. Dafür muss man übrigens nicht einmal besonders gut zeichnen können: Abstrakte "Kunst" mit bunten Farben oder eine aus verschiedenen Materialien zusammengestellte Collage schaffst auch Du und erzielst damit ein attraktives Ergebnis.

5.13 Liebe zum Lernen

Die Liebe zum Lernen zeichnet sich durch ein hohes Maß an Wissbegier aus, eine gehörige Portion Neugier und Freude daran, die Geheimnisse der Welt zu lüften. Die Liebe zum Lernen ist stets intrinsisch motiviert, d. h. sie kommt aus Dir selbst und ist nicht durch äußere Faktoren bestimmt. Diese Stärke lässt sich beispielsweise durch folgende Übungen trainieren:

- Wenn Du ein Smartphone hast, lade Dir eine Sprachlernapp herunter und beginne damit, eine **neue Sprache** zu **lernen** - ganz egal welche.

- Du hast eine **Lieblingszeitung** / **-magazin**? Dann lese zwischendurch mal andere oder wähle verschiedene Titel aus. Das weitet den Blick, denn Zeitungen schreiben über ein und denselben Sachverhalt oftmals sehr unterschiedlich.

- **Lese** ein **Buch** über ein Thema, von dem Du bisher noch keine Ahnung hast. Suche Dir in ei-

- ner Buchhandlung irgendein Fach- bzw. Sachbuch aus, das Dich anspricht. Lese es quer und bearbeite jeden Tag ein neues Kapitel daraus.

- Beginne ein **Fernstudium** in einem Fach, das Du schon immer mal studieren wolltest. Heutzutage gibt es ein riesiges Angebot an Fernstudiengängen, die sich auch neben einer Berufstätigkeit und / oder Familie realisieren lassen.

- **Schreibe** ein **Fachbuch** / einen Artikel über ein Thema, das Dich interessiert. Recherchiere sorgfältig dafür.

5.14 Lieben und Geliebt werden

"*Glück ist Liebe, nichts anderes. Wer lieben kann, ist glücklich*" schrieb einst Hermann Hesse in "Sinclairs Notizbuch". Tatsächlich ist die Fähigkeit, tiefe Zuneigung zu einem anderen Menschen zu empfinden und diese selbst auch annehmen zu können, für ein glückliches und zufriedenes Leben unverzichtbar. Der Begriff meint in diesem Zusammenhang nicht die sexuelle Liebe, sondern das Gefühl inniger Verbundenheit zu einer anderen Person. Dieses kann innerhalb einer Familie (beispielsweise die Liebe zwischen Eltern und Kindern), aber auch zu nicht verwandten Menschen auftreten - etwa in Form einer empfundenen Geistesverwandtschaft.

- **Zeige** jemandem **Deine Liebe** bzw. Zuneigung, indem Du ihm oder ihr eine Postkarte, einen Brief, eine E-Mail etc. schreibst oder denjenigen anrufst. Teile der Person mit, dass Du sie magst und warum Du es toll findest, mit ihm / ihr befreundet zu sein.

- **Schreibe** einer geliebten Person einen kleinen Zettel mit einer **liebevollen Botschaft** und verstecke ihn so, dass dieser Mensch ihn im Laufe des Tages findet.

5.15 Mut

Der griechische Philosoph Epikur (341 v. Chr. bis 271/ 70 v. Chr.) schrieb vor mehr als 2000 Jahren einen Satz nieder, der heute noch eine tiefe Gültigkeit besitzt: "*Ein einziger Grundsatz wird dir Mut geben, nämlich der, dass kein Übel ewig währt*". Das Zitat beschreibt treffend einen wichtigen Grundsatz der Positiven Psychologie, nämlich, dass wir voller Hoffnung und Zuversicht in die Zukunft schauen sollen. Wer Hoffnung hat, der erwartet noch etwas von der Zukunft und daher kann er auch mutig sein. "Mut haben" bedeutet so viel wie "einen starken Willen haben", denn das versteckt sich in der ursprünglichen Etymologie des Wortes. Wer mutig ist, setzt sich gegen oder für etwas ein, auch wenn dies gegen alle Widerstände erfolgen muss. Übrigens: Das bedeutet nicht, dass Du gänzlich furchtlos bist, denn Mut und Angst sind keine Gegensätze - ganz im Gegenteil!

- Melde Dich im **Seminar** / Unterricht / in der Teambesprechung zu Wort und sage etwas, wenn Du es normalerweise nicht tust.

- Du hast Schwierigkeiten, vor Menschen aufzutreten? **Melde Dich freiwillig** und halte einen Vortrag / spiele in einem Theaterstück mit / trage ein Musikstück vor. Das kann vor einer kleinen (Freunde oder Familie) oder auch einer großen Runde (Kommilitonen, Kollegen etc.) geschehen.

- **Vertrete** in der Öffentlichkeit **Deine Meinung**, auch wenn sie unpopulär ist.

- Du wolltest schon immer mal eine **bestimmte Person** näher kennenlernen, hast Dich aber nie getraut, sie anzusprechen? Lade diesen Menschen bei der nächsten Gelegenheit auf einen **Kaffee** oder sogar zum Essen ein.

- Gehe **allein** auf eine **Party** oder ein anderes Event und sprich dort eine fremde Person an.

5.16 Neugier und Interesse an der Welt

Seit dem christlichen Mittelalter haftet der Neugier ein negativer Ruch an, schließlich zählte schon der bedeutende Kirchenlehrer und Philosoph Thomas von Aquin (1225 bis 1274) diese Eigenschaft zu den von einem Christen zu vermeidenden Lastern. Tatsächlich kennt die Psychologie auch heute noch negative Aspekte dieses Wesensmerkmals, die durchaus unangenehme bis krankhafte Ausmaße annehmen kann (wie etwa bei Gaffern, die an einen Unfallort drängen und die Rettungskräfte behindern). Grundsätzlich jedoch handelt es sich um eine positive Eigenschaft, denn ohne Neugier gäbe es keinen Wissensdurst und keinen Fortschritt in Technik und Wissenschaft. Schon Platon erkannte dies, denn "*Das Staunen ist die Einstellung eines Mannes, der die Weisheit wahrhaft liebt, ja, es gibt keinen anderen Anfang der Philosophie als diesen.*"[21]

> Gehe nicht immer dieselben Wege, beispielsweise zur Arbeit oder nach Hause. **Nimm** eine **andere Route** und entdecke Ecken Straßen an

---

[21] vgl. Platon: Theaitetos, 155 D

Deinem Wohnort, die Du bisher noch nicht kanntest.

- Fahre übers Wochenende in eine **fremde Stadt** und erkunde diese.

- Besuche einen Vortrag oder eine Lesung zu einem bislang **unbekannten Thema**.

- Probiere ein **neues Gericht** / neues Rezept oder **unbekannte Lebensmittel**.

- Dich interessiert die Antwort auf eine ganz bestimmte Fragestellung? Gib die **Frage** in eine Suchmaschine Deiner Wahl ein und entdecke Internetseiten, die Du sonst wahrscheinlich niemals entdeckt hättest.

- Stöbere in einer **Enzyklopädie** / bei Wikipedia und lasse Dich von einem Stichwort zum nächsten leiten.

5.17 Selbstregulation

Selbstregulation, auch als Selbstbeherrschung oder Willenskraft bezeichnet, ist ein wichtiges Projekt in der menschlichen Entwicklung. Unter diesem Begriff versammeln sich verschiedene Fähigkeiten, die im Hinblick auf selbst gesetzte Ziele das Verhalten steuern. Im Laufe der kindlichen Heranbildung lernen Menschen, Impulse, Handlungen, Gefühle und Aufmerksamkeiten zugunsten eines bestimmten Zieles zu kontrollieren. Die Fähigkeit der Selbstbeherrschung sowie die Kunst des Abwartens sind vor allem für den Erfolg im beruflichen Bereich wichtig.

- **Lege feste Zeiten** für Arbeit, Lernen und Erholung fest und halte diese **ein**.
- Gehe regelmäßig zum **Sport**.
- Halte **Ordnung** zu Hause und am Arbeitsplatz.
- Iss bei einer **Mahlzeit** nicht alles auf, sondern lass ein paar **Reste** auf dem Teller liegen.
- Wenn Du bei einer Gelegenheit emotional reagierst (beispielsweise in einem Gespräch oder

beim Schauen eines Filmes), dann halte zunächst inne und versetze Dich selbst in eine **Beobachtersituation**.

5.18 Soziale Intelligenz

Der US-amerikanische Psychologe Edward Lee Thorndike beschrieb bereits im Jahr 1920 die Soziale Intelligenz als die "*Fähigkeit, andere zu verstehen und klug im Umgang mit ihnen zu handeln*". Wer sozial intelligent ist, besitzt ein hohes Maß an Empathie - ergo Einfühlungsvermögen - und kann sich in die Perspektive und Gedankenwelt eines anderen Menschen leicht einfühlen. Soziale Intelligenz umfasst verschiedene persönliche Eigenschaften, wozu unter anderem Fürsorglichkeit, Wärme und auch die bereits erwähnte Freundlichkeit gehören.

- **Sei freundlich** zu einer fremden Person.

- Versuche im Gespräch mit jemand anderem herauszufinden, welche **Beweggründe** er oder sie für seine Ansichten und Meinungen hat.

- Setze Dich in Deiner **Mittagspause** an den Tisch einer **allein** speisenden **Person**.

- Lade ihn oder sie zu einem **Kaffee** oder sogar zu einem Treffen mit Deiner Clique / Freundes- oder Bekanntengruppe ein.

- Komme in der Straßenbahn, im Bus oder in der U-Bahn mit einer **fremden Person** ins **Gespräch**.

5.19 Spiritualität und Glaube

"Spiritus" ist das lateinische Wort für "Geist", sodass Spiritualität sich im weitesten Sinne auf etwas Geistiges bezieht. Dies musst Du nicht unbedingt im religiösen Sinn interpretieren, auch wenn der Glaube an eine übergeordnete Macht häufig ein wichtiger Aspekt dieser Eigenschaft ist. Stattdessen kannst Du darunter aber auch die Ehrfurcht vor der Vielfalt und Ordnung in der Welt verstehen oder eine tiefe Verbindung zu einer transzendenten Wirklichkeit verspüren. In der Philosophie wird der Begriff "Transzendenz" für gewöhnlich im Sinne von "*die Grenzen der Erfahrung und der sinnlich erkennbaren Welt überschreitend*" verstanden.

- Führe jeden Tag eine **Achtsamkeitsübung** / Meditation durch.

- Beschäftige Dich mit **verschiedenen Religionen** und Weltanschauungen. Lese darüber und sprich mit anderen Menschen über ihre persönlichen Glaubenssysteme.

- Nimm Dir ein paar Minuten Zeit, um über den **Sinn - des Lebens**, des Daseins oder über einen spezifischeren Sinn - nachzudenken.

- Finde **Rituale** für Deine Familie / Deine Gruppe, die euch miteinander näher in Verbindung bringen und die euch allen guttun. Das kann beispielsweise eine gemeinsame Vorleserunde sein, bei der ihr euch in bestimmten Abständen trefft und euch einander aus euren Lieblingsbüchern vorlest.

5.20 Urteilsvermögen und kritisches Denken

Wer über ein gutes Urteilsvermögen verfügt, vermag sich sein eigenes Urteil über einen bestimmten Sachverhalt zu bilden. Hierbei handelt es sich um eine den kognitiven Fähigkeiten zugeordnete Eigenschaft, die zudem eng mit dem kritischen Denkvermögen sowie einer Tendenz zur Offenheit korreliert.

- Nimm in Deiner Stadt / Deinem Ort an einer **multikulturellen Veranstaltung** teil. Besuche beispielsweise eine Moschee (jedes Jahr gibt es in vielen Moscheen einen Tag der offenen Tür) oder eine Synagoge. Biete Deine ehrenamtliche Tätigkeit bei der Flüchtlingshilfe an oder lade einfach Deine muslimischen Nachbarn zu Kaffee und Kuchen ein.

- Gibt es etwas in Deinem Leben, von dessen Grundsätzen Du **fest überzeugt** bist? Das können religiöse, aber auch politische oder andere Ansichten sein. Denke darüber nach, ob und wie es vielleicht auch anders sein könnte und finde **Argumente** dafür.

- Triff Dich mit einer **Person**, die in irgendeiner Weise **anders** ist als Du - etwa in bestimmten religiösen oder politischen Fragen - und führe mit dieser ein offenes und sachliches Streitgespräch.

- **Lies ein Buch** / einen Artikel zu einem Thema, bei dem Du eigentlich selbst von etwas anderem überzeugt bist. Analysiere die darin aufgeführten Argumente.

5.21 Vergebung

"*Nichts wird langsamer vergessen als eine Beleidigung und nichts eher als eine Wohltat*" sprach einst der große Reformator Martin Luther (1483 bis 1546). Aus psychologischer Sicht hat der ehemalige Mönch gleich aus mehrfacher Sicht vollkommen recht. Der Mensch vergisst sehr schnell, was ihm positives widerfährt - negative Erlebnisse hingegen bleiben oft lange und nachhaltig im Gedächtnis hängen. Das gilt auch für Erlebnisse mit den Mitmenschen, die Dir unabsichtlich und absichtlich (seelische) Verletzungen sowie Schmerzen zufügen und so die Beziehung zwischen euch stören. Eine solche Schuld kann bei allen beteiligten Parteien ein Unwohlsein hervorrufen, welches dem persönlichen Lebensglück im Wege steht. Vergeben - auch als Versöhnen oder Verzeihen bezeichnet - kann das Unwohlsein beseitigen und so das Wohlbefinden wiederherstellen.

- Gibt es jemandem in Deinem Leben, gegen den Du einen tiefen Groll hegst? Schreibe ihm oder ihr einen Brief, in dem Du der Person **verzeihst** und so das Thema positiv abschließt. Du kannst diesen Brief an die angesprochene Person abschicken, musst es aber nicht. Wichtig ist im Grunde nur der Akt des Vergebens.

- Wenn Du gerade mit jemandem streitest, versetze Dich in seine oder ihre Lage und versuche, diesen **Standpunkt nachzuvollziehen**.

- Sollte jemand auf eine Art und Weise handeln, die Du selbst nicht verstehst, so versuche, die **Hintergründe** sowie die **Absicht** zu **erkennen** und nachzuvollziehen.

5.22 Weisheit

"*Auf die Absicht aller Dinge, nicht auf den Erfolg blickt der Weise*" schrieb einst Seneca (ca. 1 v. Chr. bis 65 n. Chr.).[22] Gemäß dieser Definition besitzen weise Menschen ein tiefergehendes Verständnis der Zusammenhänge sowie die Fähigkeit, bei Herausforderungen und Problemen die jeweils sinnvollste und schlüssigste Erklärungs- und Handlungsweise zu finden. Dabei kommt es dem Weisen vor allem aufs Verstehen an. Weise Menschen sind nicht zwangsläufig viel belesen und gelehrt, sondern können auch lebenserfahren und im zwischenmenschlichen Umgang klug sein.

- Suche online und in **Enzyklopädien** nach als weise geltenden Personen der Geschichte und finde heraus, wie sie zu den wichtigen Themen ihrer Zeit standen. Schreibe Dir ein bedeutsames Zitat dieser Personen heraus.

- Kennst Du eine **Person** in Deinem näheren oder weiteren Umfeld, die Du als **weise** bezeichnet

---

[22] vgl. Foucault, Michel (1994): Ästhetik der Existenz - Schriften zur Lebenskunst. Francke Verlag, S. 161

würdest? Warum? Nehme Dir an dieser Person ein Beispiel und versuche danach zu handeln.

- **Höre** einem Freund oder einem Bekannten **zu** und unterstütze ihn bei seinem Problem.

- Suche jeden Tag nach einem **neuen Zitat** einer bedeutenden Person und denke über dessen Bedeutung nach.

- Lies ein **philosophisches Buch** zu einem bestimmten Thema.

6. Fazit

In allen Epochen und Zeiten waren die Menschen stets auf der Suche nach Wegen, um ein langes und glückliches Leben zu führen. In einem solchen Leben kommen die eigenen Stärken zum Tragen, erfüllen sich Erwartungen und Hoffnungen, lassen sich auch negative Herausforderungen so meistern, dass man an ihnen wachsen kann. Ein solches Leben erscheint sinnvoll und macht trotz aller Auf und Abs Spaß und mündet schließlich in einer positiven Lebensbilanz. Wer möchte das alles nicht für sich selbst erreichen?

Obwohl das Thema alle Menschen beschäftigt und begleitet, trat es in der Psychologie erst sehr spät auf den Plan. Hier standen lange Zeit vor allem psychische Krankheiten und menschliches Leid im Vordergrund, während das, was die Menschen glücklich macht und seelisch gesund erhält, keine Rolle spielte. Auch heute noch schlägt der Positiven Psychologie als Forschungsrichtung viel Kritik entgegen. Doch all das ist charakteristisch für die menschliche Psyche, die aus evolutionären Gründen das Schlechte und Negative zuerst sieht und stärker wahrnimmt.

Wer jedoch wissen will, was für ein gelingendes Leben wichtig ist und wie sich die unausweichlichen schwierigen Lebensphasen und -krisen am besten meistern lassen, kommt um eine entsprechende Forschung nicht herum. Denn - und auch das fand die Positive Psychologie heraus - es verstärken sich sowohl negative als auch positive Empfindungen gegenseitig. Beschäftige ich mich mehr mit den negativen Erscheinungen und Gefühlen, dann nehme ich diese automatisch an. Ich entwickle eine negative Sichtweise auf mein Handeln, mein Denken und mein Fühlen und hindere mich so selbst daran, ein glückliches Leben nach meinen Vorstellungen zu führen.

Halte Dich daher verstärkt an Deine positiven Empfindungen und sorge dafür, dass Du Dein Leben selbst in der Hand hast. Sei optimistisch und nett zu Deinen Mitmenschen, habe realistische und sinnvolle Ziele für Dein Leben, dann stehen die Chancen, lang und glücklich zu leben, gut. Habe immer den Gedanken von der "selbsterfüllenden Prophezeiung" im Hinterkopf, nach dem meist genau das eintritt, was Du erwartest.

Felix Hahnemann

Rechtliches und Impressum

Das Werk einschließlich aller Inhalte ist urheberrechtlich geschützt. Der Nachdruck oder Reproduktion, gesamt oder auszugsweise, sowie die Einspeicherung, Verarbeitung, Vervielfältigung und Verbreitung mit Hilfe elektronischer Systeme, gesamt oder auszugsweise, ist ohne schriftliche Genehmigung des Autors untersagt. Alle Übersetzungsrechte vorbehalten.

Die Inhalte dieses Buches wurden anhand von anerkannten Quellen recherchiert und mit hoher Sorgfalt geprüft. Der Autor übernimmt dennoch keinerlei Gewähr für die Aktualität, Richtigkeit und Vollständigkeit der bereitgestellten Informationen.

Haftungsansprüche gegen den Autor, welche sich auf Schäden gesundheitlicher, materieller oder ideeller Art beziehen, die durch Nutzung oder Nichtnutzung der dargebotenen Informationen bzw. durch die Nutzung fehlerhafter und unvollständiger Informationen verursacht wurden, sind grundsätzlich ausgeschlossen, sofern seitens des Autors kein nachweislich vorsätzliches oder grob fahrlässiges Verschulden vorliegt. Dieses Buch ist kein Ersatz für medizinische oder professionelle Beratung und Betreuung.

Dieses Buch verweist auf Inhalte Dritter. Der Autor erklärt hiermit ausdrücklich, dass zum Zeitpunkt der Linksetzung keine illegalen Inhalte auf den zu verlinkenden Seiten erkennbar waren. Auf die verlinkten Inhalte hat der Autor keinen Einfluss. Deshalb distanziert der Autor sich hiermit ausdrücklich von allen Inhalten aller verlinkten Seiten, die nach der Linksetzung verändert wurden. Für illegale, fehlerhafte oder unvollständige Inhalte und insbesondere für Schäden, die aus der Nutzung oder Nichtnutzung solcherart dargebotener Informationen entstehen, haftet allein der Anbieter der Seite, auf welche verwiesen wurde, nicht aber der Autor dieses Buches.

Copyright Felix Hahnemann
Auflage 03/2020
Kein Abschnitt des Textes darf in irgendeiner Form ohne Zustimmung des Autors verwendet werden.
Kontakt: Tim Ong/ Türkstr. 4/ 30167 Hannover
Coverfoto: Peshkova/shutterstock.com
Layout: individualgaphics

Quellen und weiterführende Literatur

Auhagen, Ann Elisabeth (Hrsg.) (2008): Positive Psychologie: Anleitung zum "besseren" Leben. Weinheim, Basel: Beltz PVU.

Bannink, Fredrike P. (2012): Praxis der Positiven Psychologie. Göttingen: Hogrefe.

Ben-Shahar, Tal (2007): Glücklicher: Lebensfreude, Vergnügen und Sinn finden mit dem populärsten Dozenten an der Harvard University. Riemann.

Ben-Shahar, Tal (2008): Happier: Can You Learn to be Happy? Mcgraw-Hill Education Ltd.

Bertolino, Bob; O'Hanlon, Steffanie Alexander (1999): Evolving possibilities – Selected Papers of Bill O'Hanlon

Biswas-Diener, Robert (2010): Practising Positive Psychology Coaching – Assessment, Activities and Strategies for Success"

Blickhan, Daniela (2015): Positive Psychologie - ein Handbuch für die Praxis. Paderborn: Junfermann Verlag.

Csikszentmihályi, Mihaly (2010): Flow: Das Geheimnis des Glücks. Stuttgart: Klett-Cotta.

Davidson, R. J. & Begley, S. (2012): Warum wir fühlen, wie wir fühlen: Wie die Gehirnstruktur unsere Emotionen bestimmt - und wie wir darauf Einfluss nehmen können. München: Arkana.

Emmons, Robert (2003): Personal goals, life meaning and virtue – Wellsprings of a positive life. In: Keyes, L. M. & Haidt, J. (Hrsg.):

Flourishing - Positive Psychology and the life well-lived, Washington DC: American Psychological Association, S. 105-128

Epiktet: Handbuch der Moral

Foucault, Michel (1994): Ästhetik der Existenz - Schriften zur Lebenskunst. Francke Verlag

Fredrickson, Barbara (2011): Die Macht der guten Gefühle: Wie eine positive Haltung Ihr Leben dauerhaft verändert. Frankfurt a. M.: Campus.

Fredrickson, Barbara (2014): Die Macht der Liebe: Ein Blick auf das größte Gefühl. Frankfurt a. M.: Campus.

Frisch, Michael (2002): Quality of life therapy: Interventions to improve the quality of life of patients with emotional or physical problems. New York

Haidt, J. (2013): Die Glückshypothese: Was uns wirklich glücklich macht: die Quintessenz aus altem Wissen und moderner Glücksforschung. Kirchzarten: VAK.

Lyubomirsky, Sonja (2008): The How of Happiness – A Scientific Approach to Getting the Life You Want

Peterson, Christopher; Willibald, Ruch (2009): Orientations to happiness and life in twenty-seven nations. In: The Journal of Positve Psychology, Vol. 4, S. 273-279

Seligman, Martin E. P. (2005): Positive Psychology, Positive Prevention and Positive Therapy. In: Snyder, C. R. & Lopez, S. J. (Hrsg.): Handbook of Positive Psychology, New York, Oxford University Press

Seligman, Martin E. P. (2014): Der Glücksfaktor: Warum Optimisten länger leben. Köln: Bastei-Lübbe.

Seligman, Martin E. P. (2012): Flourish -Wie Menschen aufblühen: Die Positive Psychologie des gelingenden Lebens. München: Kösel.

Seligman, Martin E. P. (2015): Wie wir aufblühen: Die fünf Säulen des persönlichen Wohlbefindens. Goldmann Verlag.

Stangl, Werner (2019): Verzeihen fördert die Gesundheit. URL: https://psychologie-news.stangl.eu/538/verzeihen-fordert-die-gesundheit [Stand: 25-08-2019]

Turner et. al. (2002): Positive Psychology at work. In: Snyder, C. R. & Lopez, S. J. (Hrsg.): Handbook of Positive Psychology, Oxford University Press, New York, S. 715-728

Weitere Internetressourcen

Deutschen Gesellschaft für Positive Psychologie - Homepage
URL: https://www.dgpp-online.de/

Webseite von Martin Seligman, Begründer der Positiven Psychologie, englisch
URL: https://www.authentichappiness.sas.upenn.edu

Universität Zürich – Online Charakterstärkentest
URL: http://www.persoenlichkeitsstaerken.ch/

Printed in Poland
by Amazon Fulfillment
Poland Sp. z o.o., Wrocław

59537008R00123